受験は母親が9割

灘→東大理Ⅲに3兄弟が合格！

〝プロママ〟のスーパーメソッド

佐藤亮子

朝日新聞出版

はじめに

この本を手に取っていただき、ありがとうございます。

私は奈良県で暮らす専業主婦で、息子3人と娘1人の子どもの母親です。息子3人が灘中・高等学校に進学し、東京大学理科Ⅲ類（東大理Ⅲ）に進学したことから、このように本を書かせていただいたり、ときどき講演会に呼んでいただいたりするようになりました。

私は子どもたちの教育に全力を注いできましたが、いわゆる「教育ママ」とはちょっと違うと思っています。

「教育ママ」というと、ガミガミと子どもを叱りつけていて、「勉強しなさい！」「いい学校に行きなさい！」が口癖の怖～い存在、というイメージがありませんか？

でも、私は子どもたちをそんなふうに叱ったことは一度もありません。その代わり、楽しく勉強ができるように環境を整え、子どもたちと一緒に私も学び、生活面や勉強面を徹底的にサポートしてきました。

子どもの教育について、語りたいこと、お伝えしたいことは山ほどあります。

この本には、３人の息子と、主人のコメントも掲載されています。改めて家族の声を聞き、「こんなふうに考えていたのね！」と私自身も驚いたことがたくさんありました。

あくまで我が家の話であり、すべての方には当てはまらないかもしれません。でも、これからご紹介するお話が少しでも皆さんのお役に立つのなら、こんなにうれしいことはありません。

２０１５年7月

佐藤亮子

もくじ

第1章 中学も高校も大学も、子どもを合格に導くのは、母であるあなたです！

第2章　子どもに身につけさせたい勉強のコツと姿勢、そして母がすべきこと

第3章

小学生時代の勉強のコツと中学受験対策

第4章 中学・高校時代の勉強のコツと東大受験対策

Q&A 佐藤ママに聞きたい！ 子どものこと、学校のこと、受験のこと

佐藤家のプロフィール

父

佐藤真理さん

大分県出身。東大へ進み、司法試験に合格。修習先に選んだ奈良市で弁護士として働く。

母

佐藤亮子さん

大分県出身。津田塾大学卒業。大分県内の私立高校で英語教師として２年間、教壇に立ったのちに結婚。専業主婦。

長男

しんちゃん

冷静で堅実。灘ではサッカー部に入り、高校３年の夏まで続けた。現役時代は東大理Ⅲに不合格。翌年、次男と一緒に合格。大学でもサッカーを続けている。暗記が得意な秀才タイプ。理数系に強い。

次男

みいちゃん

長男と年子。明るく話好き。灘では文化祭などで活躍。大学では医学部の野球部に入り、監督兼選手を務めた。父の後を継いで弁護士にと期待されたが、東大理Ⅲに現役合格。理数系が得意で、社会が苦手。

三男

かずちゃん

次男の二つ下。マイペースで頑固。灘中受験はプレッシャーと闘ったが、大学受験では兄たちの存在が自信となり、東大理Ⅲに現役合格。じっくり考察することが得意。４きょうだいの中では一番文系寄り。

長女

まあちゃん

三男の四つ下。現在高校生。素直で真面目。ノートをきちんと取り、日々の復習も欠かさない。兄たちと同じバイオリン、スイミングに加えてピアノに通い、熱中した。理数系教科と英語が得意。

佐藤家3兄弟＋長女のあゆみ

長男（しんちゃん）	次男（みいちゃん）	三男（かずちゃん）	長女（まあちゃん）
誕生			
公文に通い始める	誕生		
	公文に通い始める		
バイオリンを始める		誕生	
スイミングを始める	バイオリンを始める	公文に通い始める	
	スイミングを始める		
		バイオリンを始める	
小学校入学		スイミングを始める	誕生
	小学校入学		公文に通い始める
浜学園(進学塾)に通い始める		小学校入学	バイオリンを始める
	浜学園に通い始める		スイミングを始める
灘中合格			
灘中入学	灘中合格	浜学園に通い始める	
	灘中入学		小学校入学 ピアノを始める
		灘中合格	浜学園に通い始める
灘高進学 「鉄緑会※」に通い始める	「鉄緑会」に通い始める	灘中入学	
	灘高進学		
後期理Ⅰ合格		「鉄緑会」に通い始める	
東大理Ⅲ合格	東大理Ⅲ合格	灘高進学	私立中学合格
東大理Ⅲ入学	東大理Ⅲ入学		私立中学入学 「鉄緑会」に通い始める
		東大理Ⅲ合格	
		東大理Ⅲ入学	
			私立高校進学

佐藤家の忙しさがピークに達する

※東大・京大・国公医受験指導専門塾

第1章

中学も高校も大学も、子どもを合格に導くのは、母であるあなたです！

私の原点

私が「受験を極めよう」と決心した理由

私が「子どもの受験を極めよう」と決心したのには、二つの理由があります。

一つは、大学に通っていた当時、家庭教師のアルバイトをしたことです。女の子を小学5~6年の2年間、算数、国語、社会、理科の4科目を教えました。主に宿題のお手伝いです。その女の子は大手進学塾に通っていたのですが、テキストを見て、その充実ぶりに驚きました。どの教科も記述に無駄がなく、子どもが暗記しやすい量にまとめてあり、知識の蓄積がスムーズに進むのです。

私自身は、大分県の出身で、高校までは非常にのんびりと過ごしていたので、余計に衝撃を受けました。いつか、私にも子どもができたら、こんなテキストで学ばせたい。進学塾へ通わせてあげたい、良質の知識を蓄えさせてあげたいと思うようになりました。

もう一つは、大学卒業後、結婚するまでの2年間、地元・大分の高校で英語教師を務めた経験です。学校の授業は大切ですが、家庭でも、目を離すことなく手助けしてあげることで、子どもは勉強する習慣を継続し、身につけることができるのだと気づかされました。

長男を授かった時、今度は親の立場から、勉強するための環境をきちんと整えつつ、勉強をフォローしてあげようと思いました。そして、本人の能力をめいっぱいに伸ばしてあげて、手が届く一番良い学校で学ばせてやろうと決心したわけです。

仕事と子育ては、本気でやれば両立は難しいように感じ、専業主婦の道を選び、妊娠中は育児書や小学校で使われている国語や算数の教科書など、ありとあらゆるものを取り寄せては読みました。危機を事前に回避するために、育児ノイローゼなどネガティブな情報もインプットしました。知っていれば、直面した時に冷静に対応できることはたくさんあると思ったからです。

子育てについて、あれこれ考えを巡らせる中で、避けては通れないのが受験でした。子どもにとって勉強とはしんどくて、なんだか嫌なものです。だからこそ、ピリピリとした雰囲気でストイックに机に向かうのではなく、できるだけ楽しく臨めるようにしよう！　私も一緒に楽しんでしまおう！　そんな気持ちで、具体的な勉強法を考えるようになりました。

受験は「暗記」が大半を占めます。

長男が生まれた頃、文部省（現・文部科学省）は「ゆとり教育」を提唱しはじめていて、「知識の詰め込み式はよくない」という風潮がありました。もちろん機械的に覚えるだけでは意味はありませんが、知識を蓄えてこそ、応用力が生まれます。ですから、ゆとりだなんて考えないで、きちんと向き合う道を選びました。そして４人の子どもにあれでもないこれでもない、と試しながら少しずつ受験テクニックを磨き、今に至りました。

私の母親道

母親業の道は深い。やるべきことは無限にある

いま、仕事と子育ての両立とか、母親も生きがいを持とうとか、いろいろ言われています。

専業主婦で家事と子育てしかできないなんてつまらない、という人もいるかもしれませんが、**母親というのは、なによりもやりがいのある仕事です。働く人が、その道のプロであるように、母親のプロを目指してもいいんじゃないでしょうか。せっかく授かって、産んだのですから、とことん関わってあげることが責任だと思ってきました。**

仕事を持つ女性も増えてきている時代ですし、共働きを選択するご家庭もたくさんあります。それぞれのご家族の選択ではありますが、可能な限り、親であることをめ

いっぱいに楽しむほうが、自分にとっても、子どもにとっても幸せであることは間違いありません。

我が家の3兄弟が灘中・高校（神戸市）へ通っていた時、私の起床時間は午前4時30分でした。毎朝、9合のご飯を炊き、3兄弟のお弁当と主人のお弁当を作りました。自宅から灘までは電車を乗り継いで1時間40分かかります。3人を起こして、身支度をさせて、家から送り出すのは午前6時すぎでした。子どもたちも朝ご飯をゆっくり食べている余裕がないので、電車の中や学校に着いてから食べられるように、お弁当とは別におにぎりを握って持たせていました。

その次は末っ子の長女を起こして、身支度をさせて、小学校へ行かせます。駅や学校へ送るのは、主人の担当です。毎朝、早起きをしてくれていました。

慌ただしい朝が一段落するのは、9時頃。そこから、洗濯をしたり、食器を洗ったりするのですが、受験前などは、子どもたちの勉強の準備をまずしていました。問題集をコピーしたり、大事なところをマークしたり。そんなことをしていたら、あっという間に午後です。夕方には子どもたちが帰ってくるので、駅まで迎えに行き、バイオリン教室や塾へ送っていきました。その合間に夕飯の準備をしますから、ずーっとバタバタです。夜は子どもが寝るまで起きているので、勉強に付き合うと、寝るのは午前2時なんてこともしょっちゅうでした。

昼間、眠くならなかったかと言うと……。時々、眠くなってしまい、塾のお迎えに行った車の中で、子どもたちが出てくるまでの10分ほどうたたねすることもありました。けれど、しっかり昼寝したことはなかったように思います。毎日毎日、4人の子どもそれぞれの予定がたくさんあって、夢中で過ごしてきたのだと思います。

母の役割

子どもの勉強をサポートすることを、親がためらう理由はひとつもない

「口を出しすぎると子どもにうっとうしがられるのではないか」
「手伝いすぎては過保護になり、結果的に子どものためにならないのではないか」
「甘やかすことにつながり、わがままな子になるのではないか」

そんな心配をされているお母さんも多いかもしれません。

しかし、**子どもの勉強、受験をサポートすることを、親がためらったり遠慮したりする必要は一切ありません。**

「旅は道連れ」という言葉がありますが、私にとって子どもの受験はまさにそのようなイメージです。主人公はもちろん子ども。でも、志望校というゴールにたどり着く

ために、子どもをサポートするお母さんも一緒にゴールを目指します。

勉強を、カレー作りに置き換えてみましょう。

食事はお母さんが作ると決まっているとします。この時、家族がジャガイモやニンジンについている土を落としてくれたり、流しにあるお皿を洗っておいてくれたりすると、お母さんはとても助かります。ご飯だけ炊いておいてくれるのも嬉しいですよね。そして、出来上がったものを一緒に食べると、同じカレーでもより美味しいはずですし、お母さんには家族の愛情が伝わって幸せな気持ちになると思います。「食事作りはお母さんの仕事なんだから、やって当然でしょ」という態度より断然いいのは明らかです。

本当にちょっとした思いやりで、家族の絆は確認でき、幸せな気分で食事を作ることができるのです。勉強や受験のサポートも、これと同じことだと思います。勉強も子どもひとりですることを当たり前とせず、お母さんがサポートしてあげれば、とても楽しいものになります。

ちょっと話が変わりますが、**我が家の子どもは、4人とも虫歯が1本もありません。**

長男が生まれて、小さなかわいい下の歯が2本生えてきた時、「大切にしなきゃ」と思って、歯医者さんに3カ月に1回ほどのペースで通うようになりました。歯を磨いてもらって、虫歯のチェックをしてもらって、帰り道に「ご褒美」としてファストフードのお店に連れて行ってあげると、本当に美味しそうに食べるんです。だから、子どもたちは歯医者さんが大好きでした。

普段の歯磨きは、私がひとり20分ずつかけて丁寧にやっていました。歯ブラシで磨き、歯医者さんでもらったリンスで仕上げます。乳歯ですから小さいですけれど、生えて間もない6歳前後の奥歯（永久歯）には歯ブラシが届かないほど細くて深い溝があって、虫歯になりやすいので、特に念入りにやっていました。この方法は、小学6年生まで続けていました。

小学6年生の子どもの歯磨きを親が手伝うことを、「過保護だ」という人もいるかもしれません。でも、おかげで子どもたちは丈夫な歯を手に入れ、今も虫歯のないきれいな歯のままです。

当たり前ですが、大学生になっても自分で歯磨きができない、なんてことはありません。それどころか、完璧に歯を磨く習慣を身につけました。私がただ、「歯を磨かなくちゃダメだよ」と言っていただけなら、こうはならなかったでしょう。

勉強も同じです。

子どもに勉強させるためには、ただ「勉強しなさい」と言うだけではダメです。子どもが勉強できるように、親が徹底的にサポートする。そうすれば、子どもは親から離れていっても、自分で勉強するようになるのです。

計算したり、暗記したりするのは子ども自身ですが、お母さんも算数のマルつけをしてあげたり、問題集をコピーして間違いやすいところを蛍光ペンで印をつけてあげたりすることはできます。子どもはそこから、親の愛情を感じるのです。

子どもたちが小学校へ行きはじめると、翌日の持ち物を揃えてカバンに入れ、忘れ物がないかチェックするのも私の役割でした。ですが、大学に進学し、家を出てから身の回りのことが自分でできないということはありません。

今、3兄弟は東大近くのマンションで一緒に暮らしています。掃除や洗濯など適当に分担しながら、仲良くやっています。時々、一緒に自炊もしているようです。お手伝いなんかさせなくても、子どもは自立する時が来たら、勝手に自立してくれるのです。たまに「布団にカビが生えた!」なんて連絡も来ますが、そんなことも経験しつつ、自然に自立していくのではないでしょうか。

子どもとの距離感

子どもに寄り添い続けると、反抗期とうまく付き合えるようになる

子どもたちが受験を迎える頃、同じようにやってくるのが反抗期です。我が家の子どもたちが小学4年から通った進学塾の浜学園の合格体験記にも、反抗期の苦労話がつづられていて、私は毎回、涙なくしては読めませんでした。反抗期は勉強に対するモチベーションに大きく関係しますし、保護者の方にとって試練となることが多いようです。

ただ我が家の4人には、大きな反抗期はありませんでした。もちろん、ちょっとしたことに口答えするようなことはありましたが、特に勉強において支障が出ることはありませんでした。

生まれた時から、ずっとそばにくっついていたことがよかったのかな、と思ってい

ます。

本を読む時も、漢字の勉強をする時も、バイオリンの練習をする時も、**どんな時も常に一緒でしたし、子どもたちは母親が関わってくるのは当たり前だと思っていた**のでしょう。

精神的な面だけではなく、物理的な距離もとても近いのが我が家です。**我が家には子ども部屋というものはなく、食事も勉強も、すべてリビング**です。夏はリビングだけクーラーを入れて、みんなで一カ所に集まっていますし、食事も、勉強も、睡眠も全部私の目の届く範囲です。私が近くにいることが子どもたちにとって当たり前でした。その距離感が反抗期らしい反抗期を作らせなかったように思います。

例えば、幼い頃から勉強を本人に任せっきりにしていたのに、受験期になって突然、「この成績じゃダメ！」「勉強しなさい！」と親が言うと、子どもはどう思うでしょうか。「いきなり何なんだ」「うるさいな」と反発するでしょう。普段は遠い距離にいるのに、急に近くなると、誰でも戸惑います。反抗期が強く出るか否かは、それまでの関わり方で決まるものだと思います。

「反抗期は必要」だという意見があることは知っています。人の精神的な成長に欠かせないということのようですが、ないならなくてもいいのではないでしょうか。

灘の子どもたちのお母さん方と話していても、反抗期がないご家庭はけっこうありましたし、私としては問題ないと感じています。受験期に強い反抗期が重なると、本当に大変ですからね。

常に「一緒に頑張ろうね」というスタンスは、反抗期もはねのけてしまう結果につながりました。

情報の取捨選択

常に子どものことを考え、自分なりのノウハウを作る

「子育てを極めよう」「母として受験を極めよう」と決めてから、育児書、教育関連の書籍、小学校の教科書まであリとあらゆるものを読みながら、自分なりに子育てをとことん〝研究〟しました。そこで気づいたのは、**育児書を鵜呑みにしてはいけない、**ということです。

ちょうど私が長男を妊娠した頃、「頭の形をよくするために」という理由で、うつぶせ寝がはやっていました。でも、「こんな恰好で寝かせて苦しくないんだろうか。なにかおかしいな」と思ったので一切、やっていません。そうしたら、死亡事故がたくさん起きてしまったのです。

どんな立派な肩書きの先生が書いた本でも、そのまま実践してはいけません。子ど

もは全てオリジナルの存在です。我が家の4人も、みんな性格も体格も体質も違います。あらゆる育児書を読むことはとても大切なことですが、それらの知識を蓄積し、整理しながら、取捨選択しましょう。そうするうちに、次第にノウハウが確立されてくるはずです。情報に流されることなく、「私がお母さん」という自信を持って取り組むのが子育てだと思います。

常に、子どものことや勉強のことにアンテナを張っていると、車を運転している時や、料理をしている時などに、「算数の勉強は、あの問題集からやればいいのかな」とか、「古典の解説を面白おかしく説明してあげればいいのかな」と思いつくことがありました。

新聞や推理小説を読む時などは、机の上に、それぞれ子どもの名前を書いた4枚の紙を並べていました。政治の記事を読みながら、ふっといいアイディアが浮かぶことがあります。これは長男に使えるな、と思うとすぐにメモしていました。ひとつのことを真剣に、つきつめて考えていると、ふとした時にアイディアが浮かんできます。

アイディアメモがたまってきたところで、「8時～9時は長男、9～10時は次男、

10時〜11時は三男の時間」などと決めて、**それぞれの子どものことだけを考える時間を作っていました。**メモをめくりながら、苦手なところの克服法などに思いを巡らせていました。思いついたことを実際に子どもに試してみて、効果が出たら「当たった！」と私もすごくうれしいです。

日々を何となく過ごしてしまうのは、もったいないことだと思います。「うちの子が理系が不得意なのは、親に似てしまったんだ」とか、「暗記が苦手だから社会がダメなのは仕方ない」とか、「遅刻ぎりぎりなのは朝が苦手だから」などなど、「ま、仕方ないか」というところで思考を止めてしまってはもったいないです。工夫をすれば、どんなことでも少しずつレベルをあげていけますから。

人生とは、なんとなく日々を過ごし、運を天に任せて、「えい！」と飛び込むものではないと思います。運は自分で集めるもの。そのために、弱いところを把握して、知恵を絞りながら過ごさなければなりません。

きょうだい関係

きょうだいと公平に接し、周囲とも比べないから伸びていく

「お兄ちゃんなんだから我慢しなさい」

「○○ちゃんはできるのにどうしてできないの？」

こんなセリフ、子どもを持つ親なら一度は言ったことがあるかもしれません。ですが、私は**子どもたちを他のきょうだいやお友達と比べたことは一度もありません。**

我が家は4人の子どもがいるので、特にきょうだいを比べずに常に公平に接するよう、心がけてきました。

たまたま生まれる順番が違っただけ。だから、学校の成績も、バイオリンの腕前も一切比べていません。「○歳までにこのくらいはできるようになっていてほしい」という私なりの目安はありましたが、そこに到達するまでの道は子どもそれぞれ。成績

を個別にきちんと把握しておけばいいことです。

おやつや食事もみんな公平に、全員に同じように分けていました。食欲に差があるのであれば、同じように分けた上で、子ども同士で譲り合いをすればいいのです。食事は毎日のことですから、そこで「公平」が徹底できていれば、子どもたちも自然と互いを思いやることができるようになります。

たとえば梨が一切れ残った時に、ついつい「お兄ちゃんだから我慢しなさい」などと言いがちです。けれど、下の子と差をつけるのは公平なやり方だとは思えません。きょうだい関係が悪くなってしまうだけではないでしょうか。だから一切れ残ったら、包丁で4等分。そのくらい徹底して「平等」を心掛けていました。

呼び方も**「お兄ちゃん」とは言わず、名前に「ちゃん」をつける形で呼んでいました。**もともとは私が、どの子も名前で呼びたくて始めましたが、褒める時も、**叱る時も「しん！」ではなくて、「しんちゃん」とする**ことで、どんな時も公平で一定した親子・きょうだい関係をつくれたように思います。

きょうだい同士も、名前で呼び合います。次男も三男も長女も、長男のことを「しん」とか「しんちゃん」とか呼んでいます。

ですから、佐藤家の長男、次男、三男、そして長女の4人はとても仲良しです。喧嘩もないですし、学校から帰ってきても、よくきょうだいでじゃれ合いながら遊んでいました。

勉強においても、比べないからこそ、互いを尊敬し合いながら、教え合いっこをしていました。

長男は、本当にさらっと何事もよくできたので、下3人は一目おいていましたし、次男はとても親切で話好きなので、弟や妹が質問した以上のプラスアルファも教えていました。三男は知識が細かくて深いので、いつまでも丁寧に丁寧に説明していました。丁寧すぎて、なかなか本題に入らないので、質問した長女が足踏みしてることもありましたが。三男は努力して知識を蓄えたタイプなので、他のきょうだいからの信頼もひときわ厚いようです。

今は兄3人が東京へ行ってしまいましたが、長女も含めたＬＩＮＥのグループを作って楽しそうにやりとりしています。長女がＬＩＮＥで模試の成績を知らせると、「国語はどうだった？」「もっとあそこを勉強したほうがいい」などと兄たちはピラニアのように食いついてきて、もう大変です。ただ、「体育祭だった、楽しかったよ」なんて送っても、既読スルーですが。そこが男の子らしいところなのでしょうか。勉強以外のことは「あ、そう」という感じなのかな。

長男から

「お兄ちゃんだから○○しなさい」と言われたことはありません。身体の大きさが明らかに違っても、食べ物の量はみんな同じ。お菓子を買うのも必ず4人分。揉め事の種が少ないからでしょう。昔からきょうだい喧嘩がほとんどありませんでした。

次男から

大学へ進学し、自分の家族と周囲を客観的に見ることができるようになってから、我が家の仲の良さを感じることが増えました。母はきょうだいを比べたことはありませんが、僕自身は何でもできる優秀な兄の存在を意識していました。「兄にはかなわない」と思っていたからこそ、灘での成績が上位でも、「俺はすごいんだ」と思うことなく、地道に勉強を続けることができました。

三男から

食べ物もおもちゃも、何でもきょうだいみんな同じように与えてもらいました。いま、最大の心配は「お年玉をいつまでもらえるのか」ということ（笑）。長男も次男も僕もまだお年玉をもらっています。妹がまだ高校生でお年玉をもらってもおかしくない年齢だから、上3人にも渡そうという母なりの気遣いだと思います。妹が成人するまでなんでしょうかね？

子どもの性格

子どもをよく観察し、個性を活かして勉強させる

我が家の4人の子どもたちはみんな数学が得意です。これは幼い頃に公文で計算の基礎をみっちりやったからだと思っています。ただ、勉強のやり方や苦手分野や得意分野は、4人ともそれぞれ違います。**子どもの資質や特性を把握するのもお母さんの大事な役割だと思います。**

長男は暗記が得意で、自分でなんでもやってしまうタイプ。感情の起伏も特になく、私が言ったことも、とりあえず素直にやってくれるので、本当に手がかかりませんでした。

次男は、私がある程度追いつめないとダメでした。高校3年の8月の東大模試は4点足りずにB判定。「あと4点だし、何とかなるかな」と思っていたら、夏休みに急に7キロ太ってぽっちゃりしてるんです。これは後から同級生のお母さん方とランチをしていて教えてもらったことですが、塾の合間に友達と大阪でグルメツアーしてたんです！　勉強に集中できていないことは明らかでした。

そして11月の東大模試はC判定。「ここで人生かけないでどうするの！」と言って、そこからは自宅でつきっきりでした。目を離すと、すぐにフラフラしてしまうので、塾へ行かせるわけにもいきません。灘は1月には、授業がなくなるので、毎日、自宅で13時間くらい一緒でした。問題集を用意して、古文の注釈を読んであげて、マルつけをして……という具合です。私は、マルつけ用のピンクの色鉛筆をなくさないために耳の上にさしたまま家事をしていましたね。当時の次男に私がつけたあだ名は「ボーダー君」。「ボーダー君、ご飯ですよ」とかやってました。

三男は、基本的にとてものんびりしていて、じっくり考えながら物事を進めるタイプ。小学生の頃から長男、次男と同じ問題をやらせても、解答を出すまでに時間がかかることがわかっていました。これは、単純に計算が遅いとか、正答を思い出すのに時間がかかるというわけではなく、数学の公式の使い方を自分なりに工夫したり、長文を丁寧に読みこんでいたりすることが原因です。

そんな三男は、調べものが大好きで、英単語の語源の本を買ってきて、派生語まで調べていましたし、古文と漢文もただ点数をとればいいではなくて、とてつもなく分厚い専門書を黙々と読みこんでいました。ドイツ語が堪能だった森鷗外は本の中で、「語源を調べたら単語が覚えやすい」と書いていました。語源を知ると、接頭語、接尾語などがすべてつながって文章全体の意味がイメージしやすいと。森鷗外を例に出すのは気が引けますが、それが三男の「思考の癖」であり、いいところだと思って、見守ることにしていました。

とはいえ、受験までの日々の時間は限られています。あまりじっくりやり過ぎると間に合いません。だから、大学受験も前倒しでスケジュールを組みました。こうすることで、三男の良さはそのままに、対策もきちんとすることができました。

長男から

僕自身は、自分ひとりで勉強するタイプで、スケジュール管理も勉強方法もすべて自己流でした。母と一緒にやったのは小学生までです。性格だと思いますが、宿題を提出しなかったことはないですし、テスト勉強も予定を立てたらきちんとやりきるタイプなので、手がかからなかったのではないでしょうか。ただ、その性格も、幼い頃から母がきちんと課題をこなすことを習慣づけしてくれたからこそだと思っています。

次男から

長男は幼い頃から何でもとてもよくできました。できすぎるから、最初の受験ではほんの少し油断して落ちてしまったのだと思います。2回目はセンター試験の国語が満点ですから、長男の才能は高いレベルにあると思います。三男は、努力で理Ⅲに合格しました。あれほど、徹底的に勉強をできるのは、本当にすごい。

それぞれ性格は違いますが、目標に向かって進む能力の高さは似通っているのかもしれません。それこそが、幼い頃から母が身につけさせてくれたものですし、感謝しています。

三男から

きょうだい4人、みんな性格が違います。僕は兄たちを見習い、母に手伝ってもらいつつ、勉強法は自分で決めてきました。「受験にそこまで必要ない」と言われても、気になることはとことん調べました。自分に合ったやり方を見つけることが、受験を勝ち抜く最大のポイントだと感じています。

家事

子どもの教育に100％の力を注ぎ、家事は余力でほどほどに

このような本を書かせていただいているので、私は何事も全力投球する人だと思われているのかもしれません。ですが、すべてを完璧にできていたわけではありません。子どもが4人もいると、それぞれの受験や塾のテスト、学校行事に衣替えなどが重なると、本当に忙しくなります。私は専業主婦ですが、本当に慌ただしくて、お母さん方とランチの約束をしようにも、数カ月間ずーっと予定が埋まっているような状況になってしまうこともありました。

そんな時、どうするか。答えは、ずばり「適度に手を抜く」です。

もともと、私は楽観主義というか、すべてを細かくやろうとする性格ではありません。子どもの教育に熱心なお母さんの中には、家の中は常にピカピカで、ご主人のお

世話もきちんとして、身だしなみもきれいに整えて、という完璧主義な方もいらっしゃいます。けれど、それでは、絶対に立ち行かなくなってしまいますし、自分自身も「こなせない」という罪悪感と闘うことになってしまって大変です。

私は子どもの勉強と生活面のリズムだけはきちんと見ようと心に決めていましたが、それ以外は「ま、いいか」というスタンス。模試や小テストなどで3回間違えた問題は、紙に大きく書いて壁や天井に貼っていました。こんな具合ですから、インテリアなんて考えたことがありません。それよりも子どもの勉強が大事だと割り切っていました。

テスト前の1週間は、子どものそばで現代文の問題を音読したり、マルつけをしたり、他の子の食事を作ったりで忙しいので、布団はあげない時もありました。食器もどんどん流しにたまっていました。いいんです、これで。布団をあげたり、敷いたり、お皿を洗っている間に、一つでも問題を一緒に解いてあげたほうがいいと思っていますから。主人も、その辺は理解してくれていて、何も言いませんでした。

お母さんはスーパーマンではありません。優先順位を決めて、適度に抜きつつ、がんばりましょう。

次男から

きょうだいが多かったこともありますが、家は基本的には散らかっていて、庭も荒れていました（笑）。母は完全に割り切っていて、子どもの学校や塾の優先順位が圧倒的に高くて、時間も労力も使うから、あとは仕方がない、という感じ。家事はもちろんしてくれていましたが、使うエネルギー消費量は明らかに少なくて、抜けているところがあっても気にしていない様子でした。そんな完璧すぎない母だから、それほど厳しいと感じたことはなく、みんな素直に接することができたのだと思います。この本を読むと、毎日毎日、キツキツに勉強していたような印象を与えてしまうかもしれませんが、受験期でなければ、放任されていたようにも思いますし、のびのびした雰囲気で過ごせる家庭でした。

夫婦の役割分担

子どもの教育に関する責任は100％母である「私」にある

我が家では、子どもの教育は、私が100％の責任を持っています。

これは、長男が生まれてからずっとです。主人は仕事が大好きで、生きがいを持って働いていましたから、私は子どもの教育を頑張ろうと。

1歳から公文に通い始めて、小学校、中学校へと進む中で、次第に「成績」が出るようになりますが、主人の性格は「知ると一言いいたくなる」タイプ。その一言が私と違うと子どもが混乱してしまいますから、**主人には通知表も見せませんでした。**話し合って決めたわけではなく、自然にそうなったのです。主人は受験前の11月頃、「ママ、今年は受かるかな？」と聞いてくるくらいです。ここまで明確に分けているから、子どもたちも迷わずに勉強に集中できたのだと思います。

これが母親80％、父親20％だったらどうでしょうか？
ご家庭によっては、子どもが持ち帰った宿題を時々、お父さんが見てあげることもあるでしょう。両親がお互いにできる時にやりましょう、というスタンスは一見よいことのようですが、成績が悪かった時に、夫婦で責任の押し付け合いになります。「パパが余計な口を出すからよ」「ママが普段からちゃんとしていないことが気になっていた」等々……。

この夫婦喧嘩を見ている子どもは、「成績が悪いのはお父さんとお母さんが原因。僕は関係ない」と思ってしまうこともあるでしょう。中途半端にかかわるから、いざという時に責任からみんな逃げてしまうのです。ですから、夫婦で子どもにかかわるのであれば、勉強の内容は100％お母さんが見るけれど、お父さんには送り迎えをしてもらうなど、役割を分けたほうがいいと思います。

どうしても分担して勉強を見てあげたいのであれば、数学はお父さん、英語はお母さん、などとして、教える教科を分けてみてはどうでしょう。灘の生徒さんの中にも、お父さんが数学が得意なので全部教えてもらっている、という子がいました。ただしお父さんが子どもに勉強を教える時に注意していただきたいのは、**決して自慢話をし**

ないということです。「お父さんが学生の頃はこんな問題は楽勝だったぞ」なんて言われても、子どもはうんざりするだけです。一緒に楽しく学ぶ姿勢が大切です。

そして役割分担を決めたあとは、**お互いに相手のやり方を否定しない**ことが大切です。特に子どもの前では絶対に口にしてはいけません。不満があるなら、自分で全部見てあげればよいのです。

中学生になって、夜遅くまで勉強することが増えると、主人からは「そんなに夜遅くまで勉強させたら、かわいそうだ」と言われたことがあります。私の教育方針に思うことはあったのだろうと思います。けれど、主人は塾の説明会に行ったわけでもありませんし、子どもたちを取り巻く教育事情をタイムリーに理解していたわけでもありません。だから、「なに言ってるの。行きたい学校に行けないほうがよっぽどかわいそうでしょう」と返したら、「それもそうだな」と納得していました。

子どもの教育に100%責任を負うことは、もちろん簡単なことではありません。子どもたちの成績が思うように伸びなくても、それを主人や塾や学校の先生のせいにできないわけですから、私のプレッシャーも相当なものでした。けれど、だからこそ**覚悟を決めて私自身も努力できたのだ**と感じています。

灘のお母さん方には、専業主婦の方もいらっしゃいますし、会社員の方もいらっしゃいました。子どもとの関わり方はそれぞれでしたが、中学受験はかなり真剣に臨まれた方ばかりでした。塾選び、宿題の進み具合など、細かく寄り添ってこられたことがわかります。やはり、小学生は自分だけでは勉強できないことを、周囲の話を聞きながら実感しました。

志望校や志望学部を決める時も同じです。普段は仕事で忙しくて何も言わないお父さんが、急に「そんな大学はダメだ」とか「お父さんの後を継げるような学部にしなさい」とか言い出したらどうでしょう？　子どもは反発するだけです。

だから、私は主人に「将来は弁護士になってほしい、なんて言わないでね」と話していました。将来を固定化せず、子どもの可能性を広げたかったからですが、結果的に誰も法学部に進みませんでした。主人は少し寂しそうではありますけれど、中途半端にかかわることは絶対に避けたほうがいいと思います。

長男から

父はどちらかというと、それほど勉強しなくてもいいというスタンスでした。東大を出ていますが、のびのびやった先に東大があればいいな、くらいだったのだろうと思います。子どもの頃は、休日にキャッチボールをしたり、プールに連れて行ってくれたり、よく遊んでもらいました。勉強に関しては、母がすべてカバーしてくれていたので、ほとんど父のエピソードはないんですが、政治や経済の話題、法律に関することを聞くととてもうれしそうに語ってくれた記憶があります。弁護士なので、さすがに詳しくて助かりました。

次男から

父は、勉強に口出しすることは一切ありませんでしたが、家族からの信頼は厚いです。もし受験に失敗していたら、父は、誰よりも励ましてくれたと思います。母も励ましてくれたでしょうけれど、子どもと同じくらいショックを受けているはずなので（笑）。父と同じ弁護士になろうと思ったこともありますが、社会科の勉強が好きではなく、理系に進むことにしました。「鉄鉱石の輸出国ランキング」など、数年後には変わっているであろうものを覚えるのが苦痛でしたね。今でも、父は時々、「誰か一緒に働いてくれ」と言っています。それが少し……、息子としては申し訳なかったかな。

夫との関係

「大学合格までは子どもが最優先」。それを夫にわかってもらう

子どもが4人いますから、誰かが受験期になると本当に忙しくなります。分刻みのスケジュールで塾への送り迎えをしたり、勉強をみたり、食事を作ったりしなければなりません。そんなある時、台所から主人が言うんです。「ママー、食器が棚になにもなくなってるよ。洗ってないよ」って。「あのね、そんな実況中継してるヒマがあったら洗ってね」と言ったら二度と言わなくなりました。

またある時は、主人のクローゼットの衣替えをしてスーツは夏物にしたのですが、靴下を忘れていたことがあります。しばらくしてから、主人に「ママ、靴下が暑いんだけど」と言われて初めて「あ！　しまった！」と気づきました。替えてほしそうな目で私を見るのですが、子どもの受験で本当に大事な時でしたから、「大丈夫、大丈夫、

すぐに寒くなるから」と言ってそのままでした。

私が日々、子どものことに時間を費やしていることをわかってくれていたからだと思いますが、主人はあまりうるさいことは言いませんでした。仕事が終わって遅い時間に帰ってきたら、パジャマに着替えてビールを飲めればご機嫌というタイプ。家事に関して、ああしてくれ、こうしてくれ、というのがなかったのには本当に救われましたし、感謝しています。

とはいえ、時には夫婦喧嘩もしました。きっかけはたいてい、遅くに帰宅した主人が「そんなに勉強ばかりではかわいそうだろう」と言うこと。私は「子育ては私の責任。口出ししないで」とカチンときてしまうわけです。

私たち夫婦のモットーは「喧嘩は子どもの前で堂々と」。人間関係とは、そんなにきれいなことばかりではありませんし、いろんな言い合いの果てに、こうやって収束していくんだなあと見ていてもらえればいいかなと。表面では仲良くて、裏では心がつながっていないことのほうが寂しいですし、譲り合ったり、譲れなかったり、子どもながらに両親の言い分を聞きながら、喧嘩になった原因について考えてくれるだろうと思うからです。両親がつんけんした雰囲気になってしまったけれど、なぜなのかわからないというほうが子どもはつらいですから。

ただ、子どもに接する口調で主人に接するとだめですね。「なんで、そんな言い方するんだ！」となって、そもそもなぜ喧嘩になったのかわからなくなりますから。大人の男性に接する口調は保つことがポイントではないでしょうか。

長男から

父が仕事から帰ってくるのはだいたい夜遅くなってから。僕たちが机に向かっているのを見て、母に「もう寝かせてやったらどうだ」と言うと、だいたい喧嘩になっていたように思います。ただ、いつも決まって母が勝つので、一瞬で終わりますが（笑）。

「学歴」や「偏差値」だけじゃない。子どものやりたいことを全力で応援する

ここまで読まれた方の中には、私を「学歴コレクター」のように思われている方もいるかもしれません。けれど私は、**学歴がほしかったわけではありません。**

子どもの能力は無限です。枠を決めずに、めいっぱいに伸ばしてやって、**手が届く中で本人が希望する一番よい道へ進ませようと思っていただけです。**それが結果的に、3人とも東大理Ⅲだったというだけです。「いい大学に入るために勉強しなさい」では、子どもの心に響かないでしょう。それに、行けなかった時に人生に失敗した気分で、とても落ち込んでしまうと思います。それは望んでいたことではありません。

勉強するのは、人としてより豊かに生きていくためだと、再三話して聞かせていました。美しい母国語が話せて、憲法について意見が交わせて、道端に咲く野花につい

て語れる。そんな日々は、とても楽しいはずです。勉強とは、子どもたちが将来、どんな世界で生きていくことになっても必要なことだという考え方です。

ですから、子どもが手先が器用で、芸術的センスに優れていて、「伝統工芸の職人になりたい」と言ったら、全力で応援します。職人になったとしても、塗料などに関する科学的な知識が生かされるでしょうし、日本の伝統工芸を世界に発信するなら英語も必要になりますから。勉強しておいて、損することはないのです。

子どもたちに「東大理Ⅲへ行きなさい」と言ったことはありません。灘という進学校に通っていたため、周囲の影響も多分にありますが、東大理Ⅲは、自然に子どもたち自身が決めて、目指すことになりました。進路を決める上で避けては通れない受験を極めてみようという心積もりはありましたから、子どもの目標に向かって私は全力で応援したにすぎません。

人生はずっと勉強です。大学入学後はもちろん、社会に出たあとも自分の生活、職業に必要なことを、学び続けなければなりません。学校や塾、家庭で身につけた勉強に対する姿勢は、子どもたちの一生の財産になると信じています。

長男から

僕は高校3年の夏までサッカー部でした。母に、やりたいことを否定されたことはないですし、「とにかくやってみなさい」というスタンスでいてくれたことにも感謝しています。

三男から

高校に上がる時には、すでに東大理Ⅲが目標になっていました。僕が高校1年の時、兄2人が東大理Ⅲに入学し、大学受験では兄たちの存在にずいぶん助けられました。わからないことがあった時、職員室まで行って先生に聞くのがめんどくさくて、兄たちに聞く方が多かったです。

塾との付き合い方

よい塾は子どもの能力だけでなく、母の教育技術も向上させる

我が家の3兄弟がそろって灘から東大理Ⅲに進学したという話をすると、「もともと頭がよかったのでは？」と言われる方がいます。でも私は、親がしっかりサポートしさえすれば、東大に進学することは決してむずかしいことではないと思っています。いわゆる**「東大脳」は生まれついたものではなく、育て方で決まる**ものなのです。

もちろん、高校3年になってから急に思い立って、東大を目指しても現役合格はむずかしいでしょう。でも、できるだけ早い時期に対策を立て、親が全力で子どもをサポートしていけば、誰にでも手が届くと思います。

私が長男を中学受験させようと決めた理由は、将来を見通して考えてみて、中学受験をする方がベターだと判断したからです。

公立中学から高校受験をするとなると、先生による「内申点」が重要になります。この「内申点」は、先生の主観に左右されることがあると聞いたことがあり、中高一貫校の方がいいのではないかと判断しました。

中学受験は、塾通いが必須です。小学校での勉強は、塾へ行かなくてもある程度できてしまうお子さんは多いのですが、受験となると、基礎知識に加えテクニックが必要だからです。習得するためには、塾で学ぶのが一番の近道です。ご家庭によっては「塾なんか行かずに大学まで出たぞ」と言うお父さんがいらっしゃるかもしれませんが、時代が違います。多くの子が塾へ行く状況で勝負しなければならないのですから、そこは素直に行くほうがいいです。塾を毛嫌いしては損をします。

さて、どこの塾へ通わせるか。ママ友たちから情報を仕入れたり、テキストを取り寄せたりして検討して、「浜学園」（兵庫県西宮市）を選びました。関西を拠点に難関私立中学受験に強く、自宅の最寄り駅から二つとなりの駅に教室があったので、そこに通い始めました。

塾選びで大切なのは、**よくできたテキストがあって、優秀な先生方がいるかどうかを見極める**ことです。「家から近くて便利だから」「通いやすいから」という理由だけで決めてはいけません。時間をかけてでも通う価値がある、そんな塾をみつけてください。

小学校4年生の時から浜学園に通い始めた長男は、それまで淡々と勉強をこなすタイプだったのに、すぐに「算数が楽しい！　面白い！」と興奮気味に言いだしました。これは私にとっても予想外のうれしい反応でした。**よい塾との出合いが、子どもの勉強する意欲にどれほど大きな影響を与えるか**を実感しました。

そんな長男を見ているから、次男も「僕も行きたい！」と言いだし、2人で通うようになりました。そうしたら、三男も通いたいと言いだし、長女も通いたいと言いだし……。みんなそろって「勉強が楽しい！」と目を輝かせるのですから、うれしいものです。我が家では塾の日は「勉強しなくちゃいけない大変な日」ではなく、「心待ちにしているとても楽しい日」となりました。

浜学園は、実力によってクラスがはっきりとわかれている点もよかったと思います。少しでも成績が悪いと下のクラスに落ちてしまうというのは、子どもにはプレッシャーになるのかもしれないなと思っていましたが、実力に見合った授業を受けることこそが力を伸ばすことにつながりました。

塾に通わせることに賛否はあると思います。けれど、塾には教科に精通した先生方がいて、授業が本当に面白い。勉強が好きになるきっかけもたくさんもらえるように思います。だから、近くに塾がなかったり、経済的な理由で難しかったりする場合を除いて、通わせたほうがいいでしょう。

塾に通って伸びるのは、子どもだけではありません。お母さんの教育技術も伸びます。

ここで重要なのは「素直さ」です。私も受験教育のプロではないですから、受験に精通している塾の先生の話はきちんと聞くようにしていました。お母さんの中には、「成績が伸びないのは、先生のやり方がおかしいからだ」とごちゃごちゃ言う人もいます。そして家庭教師を雇ってみたり、授業に文句を言ってみたりするのです。これでは、子どもが何を信じていいのかわからず、言い訳を始めますし、やる気もなくしてしまうと思います。**プロに完全に任せて、母はお手伝いをする**というスタンスが大事です。先生との信頼関係も生まれ、受験では本当に心強い存在になりますから。

また、浜学園は合格体験記の冊子が非常に充実していました。子どもの反抗あり、お母さんの病気ありで、涙なくしては読めない内容です。私はこれを読むたびに、むくむくとやる気が湧いてきて、自分の生活にどう生かそうかを常に考えて、実践していました。そんなことも塾に通った効果のひとつです。

長男から

浜学園に通うようになり、中学受験をする仲間に出会ったことは大きなモチベーションになりました。ふだん通っていたのは奈良市内の教室ですが、月に1～2回、大阪や神戸で合同で勉強する機会があり、自分よりはるかによくできる同級生の存在を知って、刺激を受けることもありました。子どもですから、自分ひとりでは情報収集をすることも、目標設定をすることも、勉強を続けることにも限界があります。浜学園で自分の学力を知り、受験先を身近で手が届くものだと認識できたことは、大いに役立ちました。

次男から

兄が通い始めて、僕も浜学園に通うようになりました。少しでも手を抜くと母にも先生にも叱られましたし、「やめられないな。大変だな」とは思っていましたが、友達もいて、和気あいあいとしていて、とても居心地がよく楽しかったです。宿題には保護者のサインが必要で、親子一緒に学ぶ雰囲気が母の教育方針ともマッチしていました。子どもは自分で高いレベルでの勉強を継続する力はありません。大人の導きが必要です。今、東京の鉄緑会で講師のアルバイトをしていますが、時々、「模試の成績を親に報告していない」という生徒がいます。それでは伸びていかないので、僕が保護者に電話しています。僕自身にとっての塾がそうだったように、親子一緒にのびのび学ぶ場にできたらいいなと思っています。

学校選び

最難関の中学・高校に通う。それが東大合格への第一歩

3兄弟が進学した灘は、卒業生の約半数が東大へ進学します。だから東大への進学は「ふつう」のことだと受け止められていました。偏差値では東大理Ⅲに届く子が、「人には興味がないから、物理が勉強したい」と言って、理Ⅰに行くこともありますし、サッカー部から理Ⅲに5人合格したなんてこともあります。東大がとてつもなく高いハードルではなく、当たり前のこととして周囲も同じように目指しているから、子どもたちの目標も自然と定まったように思います。

まだ18歳の子どもですから、周囲から受ける影響は大きいと思います。そのことを頭に入れて、高校を選び、中学を選ぶことが大事です。

東大へは20年に1人行くか行かないか、という学校もあるでしょう。進学校がない

地方にお住まいの方もいらっしゃるでしょう。その場合は、東大の門と自分との距離を客観的な数値（模試など）を元にきちんと測りましょう。そして、高1ならどこまでの知識習得を目指すかを具体的に計画し、スケジュールに落とし込んでいく必要があります。大変なようですが、逆に言えば、計画通りにやれば東大は誰でも可能だと思います。

学校や塾選び、受験までの計画やスケジュール、勉強できる環境を整えること、子どもに合った勉強法を見つけてあげること。これらはすべて親の仕事です。受験の結果を左右するのは、親のサポートのあり方だと思います。

「自分は勉強が苦手だったから、子どもも不得意なのは仕方ない」とあきらめてしまう方がいらっしゃいますが、それは間違いです。

中学受験にはある程度のカンが必要ですが、その前提となる読み、書き、計算はトレーニングすればするだけ伸びていくものであって、DNAとは関係がないものです。これは4人育てた私の実感です。

「子どもの学力を伸ばす」。それはお母さんの覚悟で、絶対にできることです。なんとなく学校へ行って、なんとなく塾へ行って、なんとなく宿題をして……ではなく、覚えるべき漢字を完璧にマスターさせ、書き順も丁寧に確認し、計算も反復練習を何度もさせていれば、基礎ができあがって、高度の知識も上乗せしていくことができます。

「うちの子はこんなもの」とDNAのせいにしないで、ぜひ、チャレンジしてもらいたいと思っています。

三男から

奈良市の自宅から、神戸にある灘まで片道約1時間40分かかりました。通学は大変でしたが、東大を目指す人が多く集まる学校に通えたことは、本当によかったと思っています。

column

塾も習い事も、通いやすさで選ばない

我が家は子どもが4人いるので、バラバラの習い事をさせるのが難しく、みんな公文、バイオリン、水泳を習っていました。

公文は、読み・書き・計算の基礎をつくる目的で、長男が1歳になる時から自宅の最寄り駅近くにあった乳幼児向けの教室に通い始めました。国語と算数を中心に学び、本当に楽しかったのですが、その教室が閉鎖されることになり、別の教室へ移る必要が出てきた時に、ふと「自宅から一番近いところでいいのかな?」と思いました。「どうせやるなら、いい先生に」と、評判のよい先生を探したら、車で片道30分くらいかかる場所にある教室の評判がいいことがわかり、迷わず、そちらに通い始めました。やはり、教え方やフォローの仕方が素晴らしく、正解でした。次男、三男、長女

も、1歳から小学3年生までその教室にお世話になり、子どもたちの基礎学力が培われました。

それからは塾も習い事も本当に子どもたちに合っていると思えるところを探して通うようになりました。

バイオリンは「スズキ・メソード」の教室を選びました。スズキ・メソードの基本は「親子でともに」です。家では親が教え、母語を覚えるようにバイオリンを習得していくようにとされています。だから、私も一緒にバイオリンを始めました。最初は大人の私のほうが上手に弾けるのですが、子どもに追い抜かれる瞬間があり、それはそれは刺激的でした。

一緒に習っていますから、どれほど難しいのか、どれほど大変なのかがよくわかりますし、逆に手を抜いたな、というのもわかります。親子そろって習い事をしたおかげで、我が家では何事も親子でともに歩むという姿勢がより明確になりました。普段の勉強には関わるのに、習い事は教室に入れて、その間は自分の買い物をしていたり、自宅でも話題にしなかったり等、放ったらかしにすると一貫性がないですよね。

なんとなく近所の教室に入れておしまい、ではダメだと思います。せっかく月謝を払うんですから、少々遠くなっても、いい先生のいる教室に入ったほうが何倍も身になりますし、上達も早いです。

ただ、水泳だけは近いという理由だけでスイミングスクールを選びました。私自身がカナヅチだったので、「せめて子どもには個人メドレーくらいはできるようになってほしい」という、非常に手近な目標を掲げていたからです。近所に同じ年頃の子どもがいるご家庭があって、そこのママが「一緒に通いましょう」と言ってくださったことも大きかったです。4人もいると目が行き届かない瞬間が出てきてしまいがちなので、一緒に行くと私もとても安心できました。感謝しています。

第2章

子どもに身につけさせたい勉強のコツと姿勢、そして母がすべきこと

環境づくり

リビングに勉強机を置いて、生活の一部に勉強がある雰囲気を

我が家は2階建ての一戸建て住宅です。主人と私、4人の子どもたちが暮らすには十分な広さがありますが、子どもたち各自の部屋はなく、普段は基本的にみんな1階にいます。1階のリビングには、両側の壁に向けて二つずつ勉強机を置いています。そのすぐ脇には食事をするコタツがあります。寝るのはリビングに続く隣の和室。襖《ふすま》がありますが、普段は開けっぱなしなので、ひとつの空間で、寝て、起きて、食べて、勉強していました。

子どもたちが幼かった頃は、家族6人で和室で寝ていました。ですが、だんだん狭くなって、まず主人が2階で寝るようになり、次に私と長女も2階で寝るようになり、最後は3兄弟だけで和室を占領していましたが、ひとつの空間で寝起きする感覚は家

佐藤家の1階の間取り

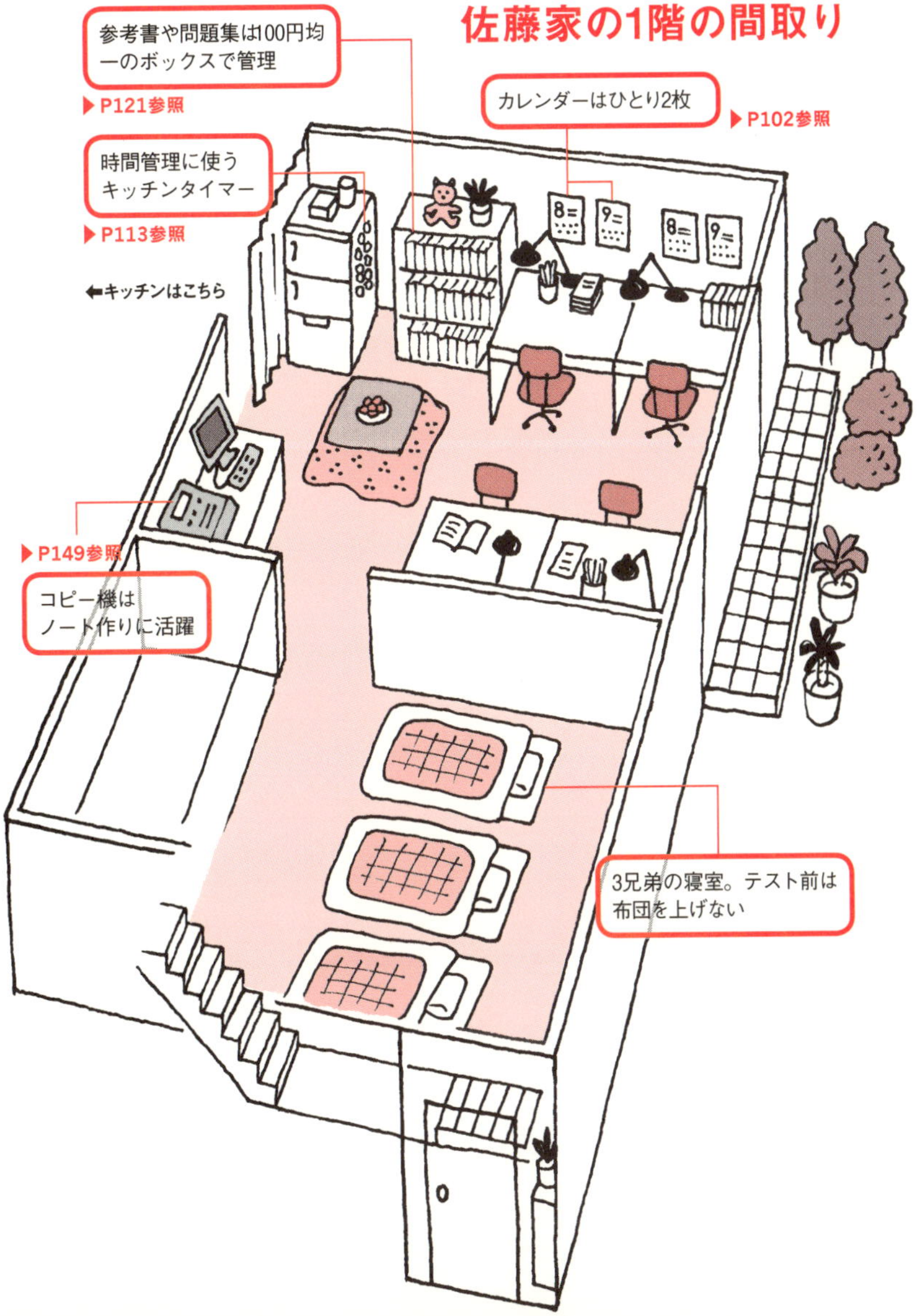
参考書や問題集は100円均一のボックスで管理
▶P121参照
カレンダーはひとり2枚
▶P102参照
時間管理に使うキッチンタイマー
▶P113参照
⬅キッチンはこちら
▶P149参照
コピー機はノート作りに活躍
3兄弟の寝室。テスト前は布団を上げない

族全員が共有していました。

私は長男を出産する前から、「勉強机はリビングに置こう」と決めていました。これは、大学卒業後に2年間の教員生活をした時の経験が元になっています。

学校で我々教師が一生懸命教えて、「家でも復習すると、もっと知識が定着しますよ」と言っても、それは家庭環境が整っていないとできませんし、結局、成績も伸びてきません。「家庭は大事だな。目の届く範囲に子どもがいるような環境がいい」と痛感していました。さらに結婚後、2階に主人の書斎を作ったら、なぜかすぐに下におりてきて、リビングで書類を広げるんです。それを見て、**「大人でもひとりは寂しいのだから、子どもはもっと寂しいはず。絶対に近くにいるようにしよう」**とも思っていました。

もし子ども部屋が2階にあったら、勉強するためには家族みんなが夕食後にくつろいでいる中、ひとりで階段を上っていかなくてはならず、孤独を感じてしまいます。勉強することが何だか寂しいことになってしまい、ついついゲームをしたり、漫画を読んだり、楽しいことへ逃げてしまいます。物理的・精神的な距離があると、子どもはなかなか勉強に向かいません。

でも、リビングに勉強机があれば、夕食後や家族団らんのあと、すぐにそばで勉強に取り掛かることができます。キッチンで洗い物をしていても、常に子どもたちの様子に目が届きます。

食事も、勉強も、睡眠もすべて同じ空間でやっていましたから、それはそれは雑音が多かったです。誰かは勉強していて、誰かはご飯を食べていて、誰かはバイオリンを弾いている、なんて光景はしょっちゅう。でも、そんな中で勉強するからこそ、子どもたちにとって机に向かうことが日常になったのだと思います。

最近では「頭のよい子」は、立派な勉強部屋ではなく、リビングや食卓で勉強している、という本がたくさん出ているようですし、この方法には一定の効果があることは間違いないのではないでしょうか。

子どもたちはごくたまに、ひとりっきりで集中して勉強したくなった時、「1時間」などと決めて2階の部屋にこもっていましたが、基本的には1階で、多くの生活雑音の中で勉強していました。

勉強以外の面でも、家族みんなの顔が常に見えるのは大事なことです。毎日、ちゃんと顔を見ていたら、学校で何か困ったことや嬉しいことがあってもすぐに気付いてあげることができますし、子どもたちが思春期の少し難しい時期になってもコミュニケーションが絶えることはありません。

そんな距離感で育ったせいか、今、3兄弟は東大近くのマンションでみんな一緒に仲良く暮らしています。4人それぞれに勉強部屋を与えて、「ママはリビングにいるね」というスタイルにしたら、この兄弟関係は生まれなかったとも思います。

長男から

もし自分の部屋があったら、勉強をサボってしまっただろうと思います。常に家族の誰かが近くにいる環境はとてもよかったです。リビングに続く和室で布団を敷いて寝ていたので、テレビのある2階には、ほとんど行くことがありませんでした。もし、寝ている部屋が2階だったら、テレビを観てしまっていたかもしれません。家の中の動線はとてもうまくできていたと思います。友達の家に遊びに行くと、「世の中の多くの人には自分の部屋があるんだな」と思うこともありましたが、特に必要は感じませんでした。幼い頃から、この距離感がふつうだったので、今、兄弟3人で暮らしているマンションにも各自の部屋はありませんが、不自由を感じたことはありません。大学生になり、それぞれが忙しいため、顔を合わせるのは深夜くらいであることもあり、窮屈だと思うことはありません。

次男から

学校や塾が自宅から遠かったこともあって、定期テスト前や受験前はずっと自宅で勉強していました。自宅で集中できないから、カフェや塾の自習室に行く人も多いと思いますが、絶対に移動時間がもったいない。アイスコーヒーを飲みながら勉強するとかっこいいかもしれないけれど、ムダのほうが多いです。集中するか否かは、自分のさじ加減。場所のせいにせずに、どんどん追い込んでいく癖をつけるようにしていました。ただ、人生で2回くらい、自分の部屋が欲しいと思ったことがあります。理由は、漫画を隠す場所が欲しかったから。当時は、リビングにある自分の勉強机の引き出しの裏に数冊しか隠せず、本当に困りました（笑）。でも、自分の部屋が欲しい理由はその程度。本気で考えたことはないです。

三男から

自分の部屋が欲しいと思ったことは一度もありません。今も兄2人と一緒に住んでいますが、自分の部屋はないですし、一人暮らしは想像すらできません。そもそも「自分だけの物」があまりないので、自分の部屋があってもそれほど意味がないように感じます。実家ではリビングにある机や、コタツで勉強していたので、まさに、日常生活の中に勉強がありました。

息抜き対策

テレビ、ゲーム、漫画は「非日常」にしてメリハリを

テレビやゲーム、スマホに夢中になって子どもが勉強しない、と悩むお母さんは多いと思います。我が家の場合、テレビは2階の、夏は暑くて、冬は寒い部屋にありま す。子どもたちの勉強机はリビングにありますし、その隣の部屋で布団を敷いて寝るので、普段はあまり行かない部屋です。

すべての時間を美しい日本の童謡をCDで聴かせたり、絵本の読み聞かせをしたりする時間に使いたかったので、長男が生まれる前にはテレビは2階に移動させました。ただ、中学校に行き始めると、子どもたちが「おもしろい番組があるみたいだから、見たい」と言うことがありました。その時は、試験前などでなければ、その番組に限って見せるようにしていました。**この時の約束は、1時間のドラマが終わったらパチ**

ッと消して、1階におりてくること。これは絶対に守らせていました。そうしないと、だらだらと見てしまって、ドラマだけだったはずが、その次のスポーツ番組も、そして深夜番組も……と際限がなくなって、いつの間にか「テレビがある生活」になってしまいますから。

ゲームも買わない方針だったのですが、ニンテンドーDSがはやりだした時、「世の子どもたちがそんなにはまるとはどんなものなんだろう」と思い、子どもたち4人と私の計五つ買いました。ゲームをするのもテレビのある2階の暑くて寒い部屋。ゲームをなんとなくするものではなく、「よし、やろう」と腰をあげて取り組まなければならないものにしました。このルールづくりは、お母さんの仕事だと思います。

5人でマリオカートなどをしたこともあるんですが、私は本当にヘタくそで、毎回あっという間に崖から落ちるんです。ゲームにならなくて子どもたちに呆れられたり、長男と長女がもともと興味がなかったりしたことなどから、いつの間にか家の中では誰もやらなくなりました。次男と三男は通学の電車の中でやっていたようですけれど、帰宅してからはやりませんでした。

漫画は、歴史ものなど勉強に役立つもの以外は買わない方針でした。けれど、次男はこっそり買っていたのをちゃんと知っています。帰ってきて、ぴゅーっと2階にあがって読んでいました。次男なりにママの前で読んじゃいけないとわかってるわけですし、こっそりやるのが楽しいんだろうな、と思って放っておきました。

さじ加減が難しいところですが、子どもたちがルールを守っているかぎり、ガミガミと細かいことを言わないのも大事なポイントだと思います。

次男から

テレビがリビングにないのは我が家では当たり前のことで、僕自身もそれほどテレビが見たいとは思いませんでした。ただ、中学受験が終わってからしばらくは、時間を決めてではありますが、よく見ていた時期もありました。僕自身はお笑いが大好きで、高校2年生の時には灘の同級生とコンビを組んで若手漫才の日本一を決める「M-1グランプリ」に出たほど。とくにバラエティーが好きでした。文化祭でも漫才を披露しました。当時の相方は今春、テレビ局に就職して、バラエティー担当になったそうです。

携帯電話

子どもと携帯の関係をよく観察。いざとなったら母が預かる

我が家では、早い段階から子どもたちに携帯電話を持たせていました。

最初は長男が浜学園に通い始めた小学4年生の時です。塾が終わると私は車で迎えに行くのですが、時々ちゃんと会えないことがありました。まだ教室にいると思ったら、もう下におりてきていたり、その逆だったり。互いの場所を知るために、長男に電話の発着信だけができる携帯を持たせていました。けれど、これは塾の日限定。メールもできない携帯ですから、小学生の間は持たせていなかったに等しいです。

長男が中学に入学すると同時に、ひとり1台持たせました。灘中は家から1時間40分もかかりますし、すでにメールで学校行事の連絡をするなんてことも当たり前になっていたので、必要に迫られて、というところです。

高校生になってからは学校帰りに塾へ寄って帰ってきますから、子どもたちの帰宅時間はバラバラ。その都度、私が駅まで車で迎えに行っていましたから、連絡手段として欠かせなくなりました。

我が家の4人の子どものうち、次男は家でもしょっちゅう携帯が鳴る子で、メールも頻繁にしていました。ですから定期テストの勉強中は、携帯を私が預かることもありました。

しかし、そこは灘。大学受験が近づくと、ピタリと携帯が鳴らなくなるのはさすがでした。次男は「みんな忙しいからね」なんて言っていましたが、切り替えのうまさには驚かされたものです。ですから、我が家では、それほど携帯の使用をめぐって親子でもめたことはありません。

ただ、我が家の3兄弟が受験していた頃は、現在に比べれば携帯・スマートフォン文化は大したことがなかったように思います。

長男の大学受験が終わって間もなく6年ですが、ものすごいスピードで携帯やスマホが子どもの生活に入り込んでいるように思います。携帯依存になる子どもがいてもおかしくないくらいに、日々の生活に密着しています。もし、今のタイミングで我が家の子どもたちが受験を迎えていたら……きっと帰宅後は寝る直前まで携帯を預かるということをしていただろうと思います。

ちょっと厳しいようですが、それくらい親子ともども覚悟を決めなければ、落ち着いた勉強時間は確保できないように思います。

受験に本気で臨むなら、携帯との付き合い方は厳しくしなければならない時代になっていると思います。

column

欲しいおもちゃは買ってあげ、お小遣いの額は決めない

戦隊モノの変身ベルトや合体ロボットにプラレール……、我が家では、子どもが遊んで楽しそうなもの、子どもが欲しがったおもちゃは、すべて買ってあげました。必ず三つそろえていたのでそれなりの出費になりましたが、子どもがおもちゃで遊びたがるのは、せいぜい小学校低学年くらいまで。おもちゃ遊びが楽しくてたまらないこの時期を、めいっぱい楽しんでもらいたいと思いました。

また、我が家では子どもたちが小さい頃から現在にいたるまで、お小遣いの額を決めたことはありません。友達とボーリングに行く、買い物に行くなどという時は、その度に必要な分を渡していました。その他にお財布には常に現金を入れてあげていました。

灘までは片道1時間半以上かかりましたから、何かとお金は必要だろうと思ったからです。途中で定期を落としてしまうかもしれませんし、お腹が空くかもしれません。私に急用ができて駅まで迎えに行けなくなったら、タクシーを使わなければいけなくなるかもしれません。

ただ、お財布に5千円が入っているとゲームが買えてしまいますし、無駄遣いをしないとは限りません。入れる金額は3千円弱を目安にしていました。

「そんなことではモノやお金を大事にする力が育たないのではないか」と思う方もいるかもしれません。でも、子どもたちはモノを粗末にすることもありませんし、ちょっとした無駄遣いはあったとしても非常識なお金の使い方をすることもありません。

あれもダメこれもダメでは、子どもたちにとっても窮屈ですし、私も疲れてしまいます。親がモノを粗末にせず、きちんとした金銭感覚を持ってさえいれば、我慢などさせなくても子どもは自然とそれを学んでくれるのだと思います。

column

カップラーメンはテストのごほうび

私は普段、ポテトチップスやチョコレートなどのおやつを一切買いません。カップラーメンも身体によいとは言えませんから、同じように一切、食べさせないようにしてきました。

おやつは時間がある時に、ドーナツなどを手作りしておくくらい。灘は遠かったので、電車の中でお腹が空くかなと思い、お弁当とは別におにぎりを作って持たせていました。

だからこそ、体調が悪い時や、歯医者さんに頑張って行った帰り道などには市販のお菓子を食べさせてあげるようにしていました。「今日は特別な日」であることを演出するのです。子どもたちはとっても嬉しそうに食べて、元気がでるようでしたよ。

長男が灘に入った頃から、定期テストの前は夜遅くまで勉強をするようになりました。やはり育ちざかりですからお腹が空きます。そこで、「テストも非日常で特別なことだ」と思い至って、カップラーメンを用意することにしました。

この時、テストがある子だけしか食べられないとしてしまっては、他の子がかわいそうです。お母さんがストイックになりすぎると、テストに臨む子も孤立感が出てしまうので、いつも4人分用意してました。

スーパーに行って、いろんな味を全部四つずつ、合計で40個くらいをカートに入れて、サンタクロースのように大きな袋を持って帰ってきていました。

けじめをつけつつ、頑張り時に非日常の楽しみがあると頑張れます。メリハリをつけることが、成績をあげるコツでもあります。

宿題

学校と塾の宿題は、どんなに大変でも完璧にこなす

小学校から高校に至るまで、私は学校と塾から出される宿題をすべてチェックしていました。そして、どんなに大量の宿題が出されても、宿題は完璧に終えるように子どもたちに言い聞かせ、実行させていました。

4人の子どもが小学校4年生から通っていた学習塾の浜学園では、6年生になると隔週で「日曜志望校別特訓」という特別授業が行われます。朝9時から一日中、勉強するのですが、この特別授業では、それはそれはすごい量の宿題が出されます。

これを完璧にやるために、いつまでに何をやるのか計画を立て、その日にやると決めたことが終わるまで、子どもたちはやめないようにしていました。午前1時までかかったこともあります。翌日は学校があるから大変です。どうしても時間がなくて、

電車や車の中で最後の仕上げをさせたこともあります。

それほどの大量の宿題ですと、中には宿題を終えることをあきらめてしまうお子さんも出てきます。「本番の授業を聞いておけばいいか、たかが宿題だし」と思ってしまうのかもしれませんが、それでも私は「100%やる」ことにこだわりました。

なぜか。**学校の宿題でも塾の宿題でも、たとえ1問であっても宿題を残して100%やらなかった子どもには、「やらない癖」がつきます。**次第に2問残し、半分残し、最後には「まあ、やらなくてもなんとかなるか」となってしまいます。そうすると、日常的に机に向かう「癖」がつかなくなってしまいます。

定期テストや大学受験という山場を前に、急に毎日勉強しようとしてもできるものではありません。日頃の宿題を丁寧にやることで、勉強を習慣化してしまいましょう。

副教科の取り組み方

音楽、家庭科、体育……受験に関係ない科目も手を抜かない

学校では、受験に関係のない音楽、家庭科、体育などの授業も受けることになります。こうした科目に時間を割くのはもったいない、と思う人もいるかもしれません。けれど、受験に関係ないから、という理由で手を抜くのは、もったいないと思います。生活に役立つ「知恵」ですから、大事にした方がいいですし、そんな余裕のないことでは、受験そのものも勝てないのではないでしょうか。

次男が中学生の頃だったと思いますが、夜遅く「明日は、家庭科でリンゴの皮むきテストがある」と言いだしたことがありました。次男はリンゴをむいたことがありませんでした。しかし、テストはテストです。「まあ、仕方ないね」で終わらせず、やるだけのことはやらせようと思いました。スーパーはもう閉まっていましたから、青

果を売っているコンビニを数軒、車で回って買い集めてきました。

机の上に25個のリンゴを並べて、私と並んで夜通し練習です。最後のほうは、くるくるとなんとかむけるようになってホッと一安心。リンゴはぜんぶジャムにしてみんなで美味しく食べました。

音楽も家庭科も体育も、100点であることに越したことはありません。**どこでどんな知識が役立つかわかりませんし、思いがけず受験の問題に出ることもあるかもしれません。**どんな授業もきちんと臨む。これは基本だと感じています。

ちなみに、家庭科のリンゴの皮むきテストでは、丸のままではなく、4等分されたリンゴの皮をむくことになり、次男は調子が狂っちゃったみたいですが。

日々のテスト

「9割できている」は危険な言葉。テストは絶対に100点を狙う

小中学生のお母さん方とお話ししていると、「うちの子、9割はできています」という言葉をよく聞きます。小学校の漢字も、中学校の英単語もテストで100点は無理だけど、90点は取れるから大丈夫だと安心しているのです。

でも、「9割できる」は危険な言葉です。小学校で漢字を習い始めて、1、2年生で習う漢字などを「だいたいわかっているから」と完璧にしないでいると、他の漢字と組み合わさって熟語となって出てきた時に読めないわけです。そうすると、9割わかっていたはずが、実は4割くらいしかわかっていないことになってしまう。とても怖いことです。**小学生、中学生のうちから9割の理解で安心しているようでは、とても東大に合格することはできません。**

東大は、900点満点のセンター試験の点数を110点に換算した成績と、440点満点の2次試験の成績を合算し、550点満点で合否を判定します。センター試験の国語では、漢字が五つくらい出ます。ひとつ2点です。これを110点換算で考えると、ひとつ約0・2444点。「0・2444点で落ちないだろう」と思ってはいけません。灘の生徒でも、0・0001点で落ちたという話は意外と耳にします。「あの漢字さえできていれば……」なんて悔やんでも悔やみきれません。

我が家では定期テスト、模試はもちろんですが、学校で日々行われている漢字や英単語の小テストすべてで100点を狙うように言っていました。どんな小さなテストも目指すは100点です。

「重要じゃない小テストだからいいや」「次の模試は難しいからどうせ無理だよ」などと最初からあきらめていては、絶対に100点は取れません。 80点になり、60点になってしまいます。それが積み重なるとどうでしょう? どこでつまずいたかもわからないまま、成績が悪いという結果になってしまいます。そうなると大変です。

とはいえ、毎回100点が取れるとは限りません。取るように頑張ることが大事ですし、100点ではなかったら、間違えたところを復習すればいいだけですから、そこは大らかに構えていました。

そして、100点が取れなかった時に「傾向が変わった」という言い訳を許してはいけません。傾向なんて、出題者があらかじめ教えてくれるわけもないですし、延々と100年も200年も同じ問題が出るわけがないのですから。実力が足りなかっただけのことです。

「傾向が変わったと言ってよいのは、『英語のテストでロシア語が出た時』よ」と、すべての問題を「想定内」にできるよう幅広く勉強しておくように、かなりしつこく言い聞かせてきました。そうすると、子どもたちも、少し手を広げて勉強を始めてくれます。

実際に100点を取ったら、必ず「よかったね！」と言うようにはしていましたが、気が緩まないよう次に進むために、褒めることはほどほどにしていました。

もし小学生のお子さんを持つ親御さんがこの本を読まれていたら、まずは学校の小テストで常に100点を目指すことから始めてはいかがでしょうか。

我が家でも、漢字や計算など基本は徹底してマスターさせるようにしていました。

詰めの甘さが積み重なって、大事な受験がダメになってしまってはもったいないですから。

長男から

母には、何度も同じ間違いをすると必ず注意されました。小学生の頃は漢字のとめ、はらいまで細かくチェックされました。宿題でもテストでも、2回目の間違いがあると「これ、こないだもやってたね」と見逃さずに指摘してくれました。おかげで知識が正しく蓄積されたように思います。

良い時も悪い時も淡々と母はテンションを一定に保つ

子どもたちが2～3歳の頃までは、何でも「すごいね」「やったぁ」とパチパチと手をたたいて褒めてきました。けれどもある程度大きくなってからは、褒めるのは、大きな模試で満点を取ったり、定期テストで学年の上位だったりした時くらい。それも「よかったね、すごいじゃない」の一言、二言です。

「褒めて伸ばす」という教育方針があることは知っていますし、私も子どもたちの良いところは褒めてきたつもりです。ですが、あまりに大げさに褒めすぎると、褒めなかった時に子どもが落ち込んでしまうように思います。

「良い点数だったら、ママはとても機嫌がよく褒めてくれる」となると、子どもは、「悪かったら褒めてくれない」と思うようになります。そうなると、点数が悪いテストを見せなくなり、だんだん学校での話もしなくなることもあるのではないでしょうか。これはよくありません。

4人を育てての実感ですが、**どんな時も母は感情的にならず、何事にも動じないことが大切**です。**点数が良かった時も悪かった時もテンションを変えずに子どもに接するる**のです。

私は、大げさに褒めませんでしたが、かといって叱ることもなかったので、子どもはテストの結果が良くても悪くても点数を隠すことはありませんでしたし、なんでも素直に話してくれていたように思います。

褒める時の「よかったね」と、ダメだった時の「残念だったね」を同じテンションでいるほうが、子どもは傷つかないということです。

子どもに寄り添う

子どもが勉強している限り、母は寝ないでそばにいる

子どもたちの勉強が終わるまで、私は絶対に寝ませんでした。

勉強を手伝うこともあれば、コタツで本を読んでいたり、クッションを敷いて横たわっていたり、くつろいでいることもありましたけれど、常に勉強机のあるリビングにいて、布団で寝ることはありませんでした。

普段、定期テストや模試がない日は、子どもたちはそれほど自宅で勉強しません。もちろん宿題はやりますが、深夜0時を過ぎても起きていることはほとんどありませんでした。

しかしテスト前となると、2時になっても3時になっても頑張っていることが多かったです。**長女が寝て、次男と三男が寝て、最後、長男だけが勉強していても、私は**

横で起きていました。まだ小学生だった頃は、睡眠時間も大事だと思っていたので、一番勉強に時間がかかった三男でも0時半には寝るように勉強内容を調整していましたが、中学生になって以降は、子どもがやりたい限りはやらせるようにしていました。

子どもたちもひとりで勉強するのは嫌なようで、私がトイレに立っただけで、「え!? 寝るの？」とびっくりして振り返るほど。「ひとりじゃないと集中できない」ということを言うお子さんもいるとは思うのですが、我が家では私が時々声をかけたり、マルつけのためにそばにいたりするほうが、眠くならないし、勉強もはかどるようでした。

私の起床は、3兄弟みんなが灘へ通っていた時は午前4時30分です。お弁当作りがあるためですが、1度だけ、誰かが朝3時まで勉強していて、あと1時間半だけ寝るのもなあと思って起きていたら、翌日さすがにつらくてつらくて大変だったことがありました。それ以降は、子どもたちの勉強が終わったら、わずかな時間でも寝るようにしています。

遅刻は厳禁！ 時計は20分早くしておく

我が家では遅刻は絶対にダメだと教えてきました。それは**時間にルーズだと、すべてにルーズになるからです。**

「漢字テストがあるけど、少しくらい間違えてもいいや」「持ち物を忘れてもいいや」と。その積み重ねは受験で大きな差となってしまうのです。

だから、家中の時計はひとつを残してすべて20分早めていました。時間通りに動いているのは、パソコンの横にある小さな時計だけ。20分早ければ、電車が途中で止まっても間に合いますし、用意に思いのほか手間取っても大丈夫です。おかげで、我が家の子どもたちは学校も塾も習い事も遅刻はゼロでした。

「時は金なり」。お母さんが口で言うだけでは足りません。時計を早めることで、何事も「早め早め」を習慣づけてあげましょう。受験を勝ち抜く上で、不可欠な要素です。

ただ、私は遅刻には厳しい一方で、子どもの体調が悪そうだったら、積極的に学校を休ませていました。誰かがインフルエンザになったら、他の子も一緒に休ませていました。同じようにすでに感染しているかもしれませんし、外にも菌はいるかもしれません。それだったら家で大人しくしているほうがいいからです。

「皆勤賞を目指そう」というのもわかりますけれど、無理をして行くことに意味はないと思っていました。きちんと体調を整えて、めいっぱい学校を楽しんだほうがいいですからね。

長男から

時計を20分早めたきっかけは、時計の故障でした。たまたま20分進んでいて、そうしたら何かに間に合った、ということがあって、「これ、いいね」と（笑）。けれど、おかげで遅刻はしませんでしたし、今も早め早めに動く癖がついています。

スケジュール管理①

定期テストから受験まで勉強のスケジュールは母が立てる

受験は時間との闘いです。限られた時間をいかに効率よく使うか、それに合否がかかっています。そしてこれは、日頃の勉強でも同じです。ただだらだらと勉強していても結果は見えてきません。

我が家では、定期テストや模試、受験直前のスケジュール、さらに中学受験・大学受験に向けた長期的なスケジュールまで、ほぼすべての勉強のスケジュールは私が決め、段取りをしていました。

子どもが4人もいると、誰かが何かしらテストを受けていることになるので本当に大変でした。もちろん、小学生と高校生では、テストの難易度も、親がアドバイスできる範囲も違いますが、それでも**小テストから東大入試にいたるまで、すべてのテス**

トの出題範囲を把握し、勉強のスケジュール管理をしていました。

特に中学受験の場合、子どもはまだまだ幼く、自分ひとりでは計画的に継続して勉強することができません。毎日1時間、机に向かっていたのを、「明日から1時間10分にしようね！」と言っても、自分の力だけでは10分延ばすことが難しいですし、延ばせたとしても有効活用はできないものです。何より継続できません。1時間がたとうとするタイミングでお母さんが声をかけてあげたり、延びた分の勉強内容を見てあげたりする必要があると思います。

勉強の時間を計ることはもちろん、「今日は何をやるか」もお母さんが具体的に決めてあげましょう。子ども自身もストレスなく机に向かうことができますし、成績があがれば、お母さんもイライラしなくてすみます。

次のページから、具体的な勉強計画の立て方などについて、お話ししていきたいと思います。

スケジュール管理②

カレンダーを2カ月分貼り、予定を「見える化」する

勉強計画を立ててそれを実行するためには、まずは予定を「見える化」することが大切です。そこで私は子どもたちの机の前に、カレンダーをそれぞれ2カ月分ずつ貼り出して、各自のテストや学校行事などの予定を書きこんでいました。

1冊のカレンダーを月ごとに分けて貼り出してもいいですし、2冊買ってもいいですし、とにかく2カ月見えるようにすると効果的です。

今月のカレンダーしか見ていないと、たとえば2週間後、来月上旬にテストが迫っていたとしても、いまいちピンとこないですし、やる気も危機感も生まれにくい。テスト勉強の計画も先が読めず甘いものになってしまい、カレンダーをめくった瞬間に慌てることになるのです。

子どもひとりにつき二つのカレンダーを用意。常に1カ月先の予定を意識する。

カレンダーに書きこむ係は、私です。4人いますから、本当にすぐに書かないと忘れてしまいます。子どもたちの予定がわかり次第、各自のカレンダーに書きこむことを習慣にしていました。

長男から

今、兄弟3人で暮らすマンションにもカレンダーは2カ月分貼り出しています。これは本当に役立ちます。スマートフォンや手帳にもカレンダーはありますが、いちいち開く必要もないですし、常に1カ月先の予定が目に入ると、その日の過ごし方も自然と決まってくる。常に、逆算してスケジュールを立てて勉強する習慣づけにもなっていると思うので、オススメです。

テスト前の勉強計画

出題範囲を把握し、いつ何を勉強するか母が具体的に決めていく

我が家では、定期テストの日程が近づいてきたら、勉強のスケジュールを立てるために私が子どもたちから各教科のテスト範囲を聞くのが習慣となっていました。普段は子どもたちに食べさせていないカップラーメンを夜食用に買ってきたり、予定を聞きまわったりと普段よりせわしなく動くので、我が家では定期テストはイベント化していたようにも思います。

子どもが自分で勉強のスケジュールを立てて、問題集を探し、該当のページをめくる。この作業はなかなか時間のかかることです。お母さんが勉強計画を立ててあげれば、子どもたちは家に帰ってから「えーっと、何からやろうかな」と考える時間を削ることができ、より有効に時間を使うことができます。

私は普段から宿題の内容を見たり、小テストも100点を狙えるように手伝いをしたりしているので、テスト範囲を聞くと「今回はずいぶん、国語の量が多いな」とか、「今回の社会は、次男の苦手分野が出るんだな」などとわかるようになっていました。

ですので、各教科で何を重点的に勉強するべきか、どのくらいの時間がかかるのかを考えながら、**私が子どもたちの勉強内容を決め、ひとり1冊ノートをつくり、スケジュールを書きこんで子どもに渡す**ようにしていました。

たとえば、こんな具合に計画を立てていました。

○月△日

17時半頃　帰宅予定
18時～19時　生物問題集20～30ページ
19時～20時　英語プリントNo.2、3
20時～21時　晩ご飯、お風呂
21時～23時　古文1問1答1～7ページ

終わったものは順番にマルをつけていけば、その日にできたこと、できなかったこ

とが明らかになります。そしてやり残したことは次の日にやるように書き加えておけば、テスト本番まで抜かりなく準備ができます。その日のうちに、できるだけ終わらせる努力をしますが、できなかったら翌日には終えるようにするなど、細かく進捗状況も書きこみます。

勉強計画を立てる際には、いくつかポイントがあります。

まず、**勉強内容は具体的に決める**こと。「18時〜20時　生物」ではいけません。18時に**机に向かってから、生物の何をやるのかを考えていては、時間がもったいない**からです。問題集のどのページからやるのか、答え合わせはどうするのか、音読は必要か。細かく決めて、子どもたちが学校に行っている間に、問題集やプリントのやり始めの場所に付箋をつけ、子どもが机に座ったらすぐに取り掛かれるようにしていました。

また、**食事やお風呂の時間を予定に落とし込むこと**を忘れてはいけません。

4人の子どもがいる我が家では、ひとりは定期テストや模試があるけれど、他の子どもたちは普段通り、ということがよくありました。

このため他の子どもたちを塾などに送り迎えする時間も考慮しつつ、勉強を見てあげる必要がありました。だから、ご飯やお風呂の時間もあらかじめ決めてしまわないと、家の中が大混乱に陥ります。10分ほどのずれは生じるにしても、勉強以外の予定も併せて決めておくことをお勧めします。

ムダな時間を作らないことも大切です。たとえば中学受験の時に通っていた浜学園は家から車で片道20分かかったため、三男の時は帰宅する車の中で夕食を取らせていました。密閉容器につめたおかずと、おにぎりを作っておくと、さすが男の子ですから、あっという間に食べて、その後は家に着くまで後部座席で寝ていました。自宅に到着するのは、だいたい10時頃。「着いたよ、着いたよ」と起こしたら、あとは一気に私が用意しておいた過去問やら問題集をやって、お風呂に入り、0時半には寝ていました。

そして忘れてはいけないのは、**子どもたちの性格にあった計画を立てる**こと。我が家でも、長男はある程度任せてしまい、次男や三男はしっかりスケジュール管理するなど、それぞれの性格に応じて、スケジュールの立て方を変えていました。このさじ加減は、日々子どもたちに接しているお母さんの腕の見せどころではないでしょうか。

ところで、こう書いてくると佐藤家は毎日毎日、私が決めたスケジュールに沿って勉強漬けだったかのような印象を与えてしまうかと思いますが、実はそんなことはありません。テストがない期間、つまり〝平常時〟の子どもたちはいたって呑気なものでした。宿題と小テストは100%できるように見ていましたが、それ以外は追いこんで勉強していたわけではありません。

本当の勉強モードに入るのは定期テストの1週間前とセンター試験の2カ月前から東大二次試験の本番までです。中学、高校時代、子どもたちの定期テストの前の睡眠は数時間。一気に集中してやるのが常でした。中学受験の前は、まだ子どもですから7時間ほどの睡眠は確保するようにしていましたが、大学受験前は1日15時間くらいは勉強していました。

次男から

勉強について母に相談することは、僕にとっては自然なことでした。幼い頃から一緒に勉強してきたため、いま僕が理科の何を勉強しているか、英語の単語帳はどこをやっているかなど、母は把握していました。中学くらいまでは一緒に問題を解くこともありましたから、どのくらいの時間がかかるのかも把握してくれていたので、受験においてとても心強い存在でした。

母のスケジュール

自分自身のスケジュールも手帳に書き出しムダなく動く

4人の子どもそれぞれの勉強を見て、習い事や塾へも行かせて、食事の支度もしようとなると本当に大忙しで、私自身のスケジュール管理も欠かせません。

そんな中で私が愛用してきたのは、1日1ページ使うタイプの手帳です。ボールペンで線を引いて、1ページを4段に分けて、上から長男、次男、三男、長女の予定を書きこんでいました。それから1日の自分の動きを決めるのです。ここでお弁当の下ごしらえをしておいて、ここで次男を駅に迎えに行って、次に長男を塾へ送って、三男の漢字テストの勉強を見てあげて……と。分単位で予定を組み立てて、毎朝シミュレーションしていました。

この時、**頭の中だけでシミュレーションするのではなく、きちんと書くことが大事**

です。子育てをしていると、誰かが熱を出した、など突発的なことがしょっちゅう起きます。その場合は、手帳も書き換えます。頭の中で何時、何時、と思っているだけでは効率よく動けません。書きながら、整理していくほうがスケジュールを上手に立てられます。

それでも時々、どうしても予定がバッティングしてしまうことがあるんです。手帳を開いて、うーんと悩んでいたら、長女が「ママ、幼稚園、休んであげようか?」と申し出てくれたこともありました。そういう時は、「うん、ありがとう。休んでくれると助かるよ」と言って、休んでもらっていました。

お母さんにも、物理的に限界があります。予定の優先順位を決めて、無理をしすぎないことも重要だと思います。

勉強のコツと時間配分

夕食後は勉強の「ゴールデンタイム」。暗記は勉強の合間のリフレッシュ

それぞれの教科にふさわしい勉強法があるように、それぞれの勉強法にはふさわしい「やりどき」があります。

たとえば、**食事が終わって寝るまでの数時間は、思考力をふんだんに使える上に、まとめて勉強時間を確保できる「ゴールデンタイム」。**こんな時は、じっくり腰を据えて問題集などをやるのがよいでしょう。

次男が高校3年の9月頃、この大切なゴールデンタイムに、イスをギコギコ揺らしながらふんぞり返って古文の単語帳をめくっていたことがありました。2時間近くその姿勢を続けているので、「あなたね、違うでしょ。今は、もっと思考力の必要な問題集をやりなさい」と言いました。

次男は「でも古文単語をやらなければいけないんだ」と抵抗していました。ですから、次男が眠っている間に、覚えなければいけない単語を1ページにひとつずつ大きな字で書いたノートを作っておきました。

翌日から、他の勉強が終わった休憩時間に、「15分」と決めて次男がノートをめくり、私は手元に単語帳を持って、これはなに、次はなに、と順にページをめくりました。重要だなと思うものは、次男がノートに加筆したり、私が詳しく説明したりしながらやっていたら、3日後には全部覚えてしまっていました。次男も「あ、こんなもんか」なんて言ってましたね。

暗記はたっぷり時間をかけるものではなく、15分から20分でキリをつけなければいけません。スケジュールに組みこむ時は、勉強と勉強の合間のリフレッシュとして取り入れるとよいでしょう。

集中力

キッチンタイマーは集中力アップの秘密兵器

我が家の子どもたちの勉強に欠かせないアイテムがキッチンタイマーです。リビングのキッチンに近い場所にある冷蔵庫の側面に11個くっついています。首にかけられるようにヒモをつけているものもあります。

勉強の合間に休憩する時、だらだらと寝そべったまま机に戻れないようなことがないように、20分なら20分に合わせて、首からかけてくつろぐのです。ピピピと鳴ったら机に戻って、また勉強です。一つひとつ微妙に音が違って、子どもそれぞれに好みがあるようで、好き好きに使い分けていました。

三男の灘中受験の時、長男や次男に比べて算数が少し苦手で、問題を前にしても一気に鉛筆が動かないのを感じていました。優しくおっとりした性格で、特に焦る様子もなくのんびりしているので、これは心配だなと思って、浜学園の先生に相談したら、「確かにお兄ちゃんたちに比べて、計算が遅いです。少し忘れっぽくて、集中力もないように感じます」と言われました。

あらら、やっぱり。浜学園の先生曰く、「授業中、15分しか集中力がもたないから、14分になったところで声をかけて、もう一度集中させている」とのことでした。

灘中入試を乗り切るためには、50分程度の集中力は必要です。15分しかもたないようでは心配です。「これはもう、滝に打たれてきてもらうしかないんだろうか……」と不安な顔をしたら、先生が「15分を3セットすれば45分。4セットすれば60分。試験時間に近づけることができます。3セットの場合は2回、4セットの場合は3回集中し直す練習をすればいいのです」と教えてくれました。

そのアドバイスをもとに、家での勉強サイクルを大きく変えることにしました。

ひとつの教科の勉強時間を15分にしたのです。**キッチンタイマーをセットしてから算数を始め、15分たったら問題が途中でも有無を言わせず次の国語に移ります。そして15分たったら、理科、社会というように、次々と変えていきます。**

子どもが15分でできる内容を自分で選ぶのは大変ですし、時間がもったいないので、学校へ行っている間に私が準備していました。15分でできるように問題を選んで、付箋を貼っておくのです。そして「はい！　はい！」と言いながら渡してあげるとスムーズです。

この方法だとラスト3分くらいになると、とても集中することができます。「時間がない！　もったいない！」という心理が働くからでしょう。そのうち集中力を持続させる〝コツ〟をつかんだようで、三男は2カ月もするとちゃんと集中できるようになっていました。浜学園から出される大量の宿題をこなすスピードも格段にあがっていて、ほっとしたものです。

冷蔵庫にくっついたキッチンタイマー。
子どもたちそれぞれのお気に入りがある。

この間は、確かにとても大変でしたが、手助けしてあげれば、子どもの集中力も伸ばすことができるわけです。「うちの子は集中力がなくて……」と嘆くだけではなく、ぜひあれこれと試行錯誤してみてください。

三男から

僕の集中力をつけるために母がキッチンタイマーを導入したという話は、よく覚えていません。ただ、きょうだいの中で一番キッチンタイマーを活用したのは僕だと思います。常に時間を意識しながら問題を解くことは、大学受験に臨むにあたってとても大切なことです。東大の2次試験では、数学は大問題が六つ出ます。試験時間は150分なので、20分で1問解けば間に合うわけですが、難しい問題は時間がかかりそうだから、易しいのは早めに仕上げよう、など時間配分を考えてから解き始めないと失敗します。これは、慣れるしかありません。受験直前は、キッチンタイマーを活用しながら、ひとつの問題を解く時間を計って時間の感覚を身につけました。また、2時間、英語をやって、10分休憩して、と予定を立てたら、その通りにキッチンタイマーをセットするなど、スケジュール管理にも活用していました。

必殺ノート

食事の時間も有効活用。でも、お箸のマナーは徹底的に

食事は毎回20〜30分ほどかかります。忙しい受験期は一分一秒が惜しくなってきます。食事の時間もムダにしないために、あれこれ準備をするのも私の役割でした。

我が家で「必殺ノート」と呼んでいるノートがあります。背の部分がリングタイプのＡ４サイズの普通のノートです。このノートに、覚えておかなければならない重要な言葉や、子どもたちが間違った内容をどんどん書いていくのです。

「終戦（敗戦）記念日　8月15日」と書いた次のページは、「愛知県の人口（2011年）742万人」「メダカは摂氏25度で孵化する」という調子で、教科ごとに分けずに、カラーマジックを多数使ってカラフルに大きく書くのがポイントです。色をたくさん使うと、記憶の定着がいいからです。子どもたちは「メダカは赤ペンで書いて

あったね」なんて言い合っていることもあり、キーワードが色とともにインプットされるようでした。

そのノートを子どもがご飯を食べている横で、「はい、はい」とめくるのです。子どもはノートに目をやりつつ、「ふんふん」と言いながら、ご飯を食べているだけ。特に真剣に覚えようとしているわけでもなく、ただ「ふんふん」と言っていました。これでいいのです。毎日やっていると、何度も目と耳から入りますし、この蓄積はバカにできないと感じています。子どもが食べているカレーがノートに飛んだら、「カレーが飛んだのは『我田引水』」という具合に、脳にインプットされていきますし、そうなると忘れません。

ちなみに、〝平常時〟にはやっていません。中学受験前に限って、食事の時間もうまく活用しようと考えた結果の方法でした。

といっても、受験前以外の時も、我が家の食卓はバタバタしたものでした。子どもたちはそれぞれ塾や部活で忙しかったため、帰宅した順に子どもがご飯を食べている状態。主人は仕事で遅くなりがちでしたし、家族そろっての食卓ははなから諦めていました。

けれど、我が家はリビングに勉強机がありましたし、寝るのもリビングに続く和室。「孤食」ではありませんでしたから、子どもたちが寂しい思いをすることはなかったと思います。リビングに勉強机を置くことは、孤食を防ぐためにもよいことのような気がしています。

また、私は基本のテーブルマナーにはかなりうるさく口を出してきました。**特にお箸の持ち方は、ずっと「ちゃんとできるようになるまで、この家から出さないよ」と言い続けてきました。**お箸の持ち方を指導している協会を調べて、どういう方法で直すのがいいのかが書かれているパンフレットを取り寄せたり、お箸の持ち方を矯正するグッズを使ってみたり。まず自分が間違っていないかを確認してから、子どもたちの手つきをチェックしていました。それは、日

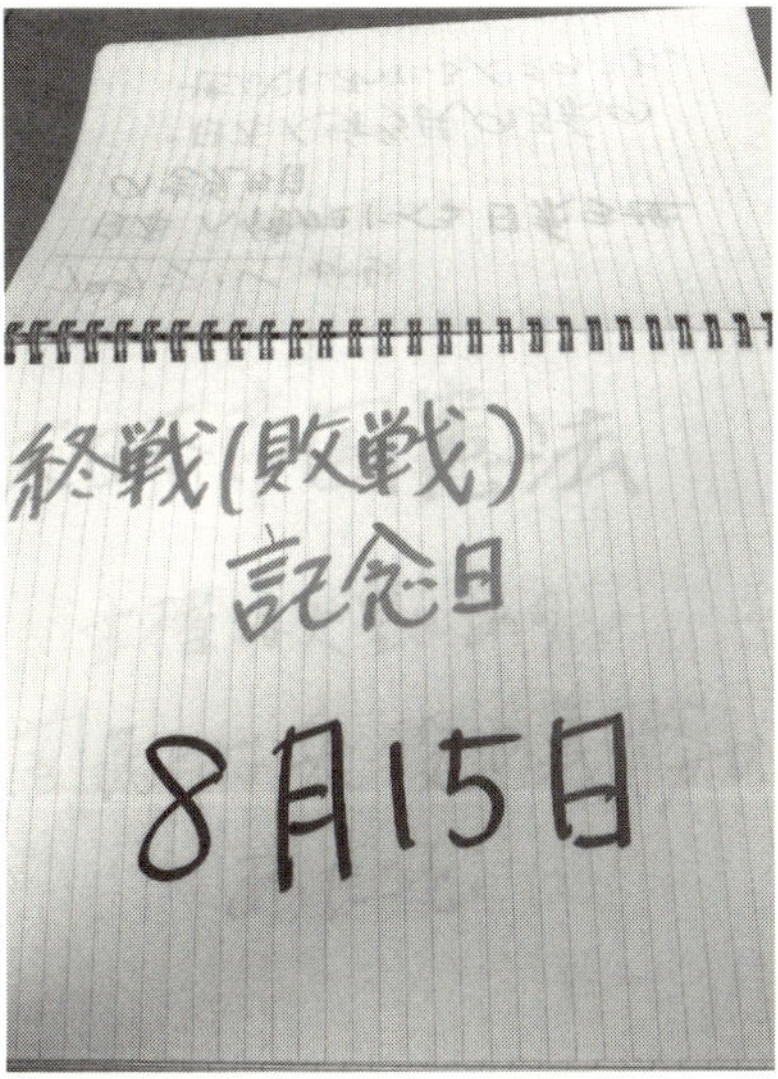

人呼んで「必殺ノート」。食事をしている子どもの横で、次々とめくっていく。

々接している親しかできないことです。

　それから背筋を伸ばして、きちんとお箸で口に運ぶようにも言っていました。たまにテレビを見ていても、お箸の持ち方がおかしかったり、お皿をテーブルに置いたまま、口を近づけるように食べたりする方が結構いるんです。その度に、「こんな食べ方はダメよ」「人として魅力的に見えないよ」と繰り返し繰り返し言ってきました。

　おかげで我が家の子どもたちは、みんなきれいに食事をすることができます。お箸の持ち方や食べ方の癖はすぐに直せるものではありません。お母さんが根気よく見てあげましょう。大事なことと、見逃してもよいこと。それを見極めて子どもたちに教えていくのも、親の大事な役目だと思っています。

次男から

テーブルマナーはかなり厳しくしつけられました。お箸も鉛筆も正しく持って、正しい姿勢で使うことを徹底されてきました。

本棚の整理法

模試の過去問や参考書の整理は母の仕事

受験には模試や過去問、参考書や問題集の整理が欠かせません。テストや模試もどんどんたまっていきます。それらを効率よく、いつでも使いたいときに子どもたちが使えるように、私が整理をしていました。

それくらい子どもたちにやらせれば？　と思う方もいるかもしれませんが、参考書の整理をしたところで、問題が頭に入るわけではありません。だったら私がやったほうが、子どもの貴重な時間を使わずに済みますし、何より美しく整理できて、家族みんな気分がいいです。

問題集や参考書の整理には、100円均一で買ったボックスが大活躍しました。

我が家では、リビングに子どもたちの勉強机があるので、リビングの本棚には参考書や問題集を入れた黄色いボックスが約20個と、それとは別に模試の過去問を入れたクリアケースが約30個並んでいます。ボックスは高さ23センチ、奥行き35センチ、幅が12センチ。クリアケースはＡ４サイズの書類が入る大きさで、幅は2センチほどです。

ボックスの背には、大きく教科名を書いています。「古文」「数学」「英語」「英単語」「化学」「生物」「物理」「世界史」「日本史」「倫理」……ここに参考書や資料をバサバサと詰め込んでいくのです。「国語」ではなく、「古文」「現代文」。「社会」ではなく「世界史」「倫理」と**試験科目ごとに分けるのがポイント**です。

子どもたちは、勉強する時に、古文なら古文のボックスごと机に持っていきます。こうしておけば、他の参考書が必要になって机を離れなければならないこともありませんし、背表紙を見ながら本棚の前でうろうろすることもありません。とても効率が良いのです。

クリアケースは、過去の模試を入れていました。長男が模試を受けるようになって

参考書・問題集・模試はこうして管理

100均で買ったボックスが大活躍。
子どもたちはこのボックスを机に
持っていって勉強する。

模試はクリアケースで管理。
すぐに取り出せるので、便利。

しばらくした頃、「先月の模試をもう1回みたいんだけど、どこ行ったかな?」と聞くんです。捨ててはいませんでしたが、返却された紙袋に入れたまま他の資料に埋もれていました。なくなってしまうかもしれないし、ごちゃごちゃになってしまうのもよくない。整理するために、ポケットになっているクリアファイルも考えましたが、出し入れがめんどくさい。クリアケースのほうが便利だったので、我が家ではずっとクリアケースです。

クリアケースの背中のところに、**模試の日付と、誰が受けたのかが一目でわかるようにカラーテープで色分け**していました。長男は青、次男は緑、三男は黄色、長女はピンク。そしてセンター試験と東大二次試験の本番は赤です。三男は兄たちのをやって、ずいぶん参考になったみたいです。

本棚は、ただ並べて置くだけのものではありません。ここにも「いかに効率よく、無駄な時間を減らして、勉強時間を確保するか」という観点が生きているのです。

家族一丸になる

受験生がひとりでもいたら、盆も正月もナシ

受験は、子どもひとりが孤独に頑張るものではないと思っています。「旅は道連れ」。私との二人三脚は当たり前ですし、主人や他の子どもたちにも「今年は○○ちゃんが受験だよ。集中してやる時期なんだよ」ということは話していました。

我が家は4人の子どもが中学受験を、3人の子どもが大学受験を経験しています。長男の中学受験があった年から、毎年のように誰かが受験でした。そんな時は、お盆もお正月も我が家には存在しません。節目に、年越し蕎麦とお雑煮を少し作った程度です。初めておせち作りをやめた年、私自身がとてもラクで、ああこれは受験に集中できる！　と思って、それ以来は割り切っていました。

初詣は、奈良市内の神社はどこもとてつもなく混むので、もともと足が遠のきがち

でした。合格の神頼みもしませんから、行きませんでした。実家から祖父母が来ていたら、受験のない他の子は連れて行ってもらっていたように思います。

誰かが受験の年は夏休みの家族旅行もありません。長男が大学受験の時、長女は小学5年生でしたから、家族旅行くらい行きたかったかもしれません。でも、「頑張ってる人がいるんだから、我慢しようね」と言えば、他の子どもたちにも伝わりますし、自分の番がきたら同じように「僕のために我慢してくれてるんだな」と感謝する気持ちも生まれます。これは主人もとてもよく理解してくれていて、受験のない子をプールに連れて行ってくれたりしました。家族みんなで頑張ろうという一体感はどの受験の時にもありました。

受験が終わった春休みには近場の温泉などに家族で旅行しました。翌年は誰かの受験が控えていることがしょっちゅうでしたから、2泊が精いっぱいでしたが。受験が1年以上空く、となると、ようやくグアムなどに出かけて行きました。

旅行が息抜きになるという考え方もあるでしょう。けれど、受験はそれほど甘いものではありません。ひと夏、ひと冬、腰を据えて緊張感を持って頑張るものだと思います。

受験直前、私は受験に関係のない他の3人には「元気でいてくれたらいいから」と言って受験生にかかりきりになりました。そう言われた3人は、なんだか伸び伸びしていました。家族みんなで非日常を共有し、一緒に頑張ることが、好結果と思いやりにもつながると思います。

とはいえ……私自身、4人の子育てをする中で、唯一の心残りがあるとすれば、家族旅行が少なかったことです。長男を出産して以降、妊娠と出産が続き、常に乳幼児がいる状態では遠出はできませんでしたし、末の長女がやっと大きくなったな、という頃には長男の受験が始まりました。そして、今はもう子ども自身が友達同士で旅行に行ってしまいますからね。仕方ないことですが、いつかゆっくり家族で旅行できる日が来ればいいなと思っています。

勉強を楽しむ

子どもと一緒にヤマをかければテスト勉強も楽しくなる

ここまで読まれて、「こんなことまでするなんて、大変すぎる」と思われた方もいるかもしれません。実際、大変ではありますが、私自身は子どもたちをサポートすることをつらいと感じたことはありません。今振り返っても「ああ、楽しかったなあ」としみじみ思っています。

これは私自身が、子どもと一緒に本当に受験や勉強を楽しんでいたからだと思います。

たとえば、私はけっこうヤマをかけるのが好きで、テストの前には子どもと一緒にヤマをかけていました。中学、高校と進学するにつれて、勉強内容がだんだん難しくなって、私では100%理解できなくなったので小学校までまでしたが、子どもと一緒に楽しみながらヤマをかけていました。

90ページでは「テストは絶対に100点を狙う」と書いたので、矛盾するように思われるかもしれませんが、もちろん100点を目指すように言って、抜け落ちがないよう努力をします。その上で「これは出そうだよね」「昨年は、これが出たよ」などとヤマをかけて、「よし！　一緒に100点取るぞ！」というノリが本当に好きでした。当たったら、「やったー」とにんまりして、一緒に喜び合うことができます。こんなふうに**ママが遊び心を持っていたほうが、子どももゲーム感覚で楽しく勉強できる**ような気がします。

ヤマが外れてしまって80点だったり、60点だったりしたこともありました。でも、点数は私の責任でもあります。だから、子どもを責めないわけです。連帯責任ですから、「一緒に見直ししようね」と言ってまた並んで復習をしていました。それは、受験のためでもありましたが、子どもたちが学校に楽しく通えるようにするためでもありました。やっぱり成績がいいと学校は楽しいですからね。

こんなこともありました。

三男はセンター試験まで、私が決めたスケジュールに沿ってとても順調に勉強を進めていました。私も3人目ですから、だいぶ要領がわかってきていて、それはそれはいい調子でした。そうしたら、センター試験3日前にやることがなくなりました。「あら、これでは時間がもったいない。何か買ってくるわね」と言って、近くの書店に行って新しい参考書を3冊購入しました。センター試験前日は、交通網の乱れなど不測の事態に備え、会場近くの神戸市内のホテルに泊まりますから、まとまった勉強時間はありません。前々日に「よし、これで最後だね」と言いながら、新しく買った古文の問題集を開きました。

三男が問題を解き、私が採点しました。平安時代の貴族が、ある女性を気に入って第二夫人にしようとするのですが、おおっぴらにラブレターを書くと女性の家族に邪魔されるかもしれないので、「香箱」という犬のおまるのフタの裏に和歌を書き、使いの者に持っていかせる様子が問題になっていました。ラブレターをもらった女性の家族は相手が貴族だとわかって、その恋を応援しました。めでたし、めでたし、というお話でした。

三男と、「平安時代に、おまるがあるんだね」「やっぱり身分の高い人はモテるんだね」なんて話をしていたら、センター試験本番にその話が出たんです‼　三男は文章を読まずに、問題が全部解けてしまって、他の問題にじっくり時間が使えたそうです。

私もこんなことは初めてで、それはそれは嬉しかったですし、一緒にやってきてよかったなと思いました。

こんなふうに、お母さんも一緒に楽しんでしまえばいいと思います。各教科の多くの問題に触れる中で、関連する本も自然にたくさん読みましたし、私自身も楽しかったです。

第3章

小学生時代の勉強のコツと中学受験対策

基礎学力

難関中学に合格したいなら やっぱり基礎学力が大事

中学受験で大事なのは、基礎学力です。

難関中学合格を目指しているお子さんなら、進学塾では特進クラスに入りたいと思っていることでしょう。しかし、**実力に見合わないクラスに入ってしまうと、子どもは「何がわからないのか、わからない」状態に陥ります。**

復習もせずになんとなく次へ進んでしまうと、知識の蓄積は不十分なまま。基礎工事が不十分な場所に、無理やり家を建てるのと同じです。勉強についていけなくなると子どもは自信をなくして混乱し、勉強が嫌いになったり、受験が嫌になってしまったりします。

大切なのはどんどん先へ進むことではありません。つまずいているところ、いい加減にしていたところを見つけたら、そこまで戻って復習することです。5年生の時に、3年生からやり直してもいいのです。**中学受験を本気で考えるのであれば、親も子もプライドを捨てて、足元を固めることから始めましょう。**

ただ、6年生でやり直しをしているようでは間に合いません。6年生の後半は仕上げの時期。復習は5年生までに完璧にすませて、6年生では、その年に習うことを滞りなく吸収しつつ、中学受験本番に向けて過去問などに取り組んでいかなくてはいけません。

我が家の4人の子どもたちは、1歳から公文式教室に通い、読み、書き、計算に親しみました。1歳から学べる読み書きの教材がある教室はそれほど多くなく、おのずと公文を選ぶことになりました。教材が段階的に、丁寧に進んでいくのもよく、間違っている箇所を常にチェックしながら、着実に力をつけていくことができました。

学校の勉強も同じです。宿題やテストなどは点数だけで評価せず、間違っているところ、理解が不十分なところは完璧になるまでやっていました。漢字の書き順ひとつとっても、すべてを完璧にです。これがもっとも結果に結びついたように思います。

幼い時から、丁寧に勉強を重ねた上に、学力に適した塾での知識を乗せて、正しく受験先を選ぶ。これが中学受験の成功の極意です。

ちなみに我が家の子どもたちは、中学受験まで次のような流れで勉強を進めていきました。これは長男、次男、三男、長女までみんな同じです。

1歳

公文式を開始。

国語、算数、英語の授業を選び、週1日通う。

3歳

バイオリン開始。

親子一緒に学ぶ「スズキメソード」の教室を選択し、週1回通いました。

4歳

スイミング開始。

私自身がカナヅチで情けない思いをしてきたので、子どもにはとりあえずメドレーリレーができるようになるまで通わせました。時期に少々のずれはありますが、どの子もだいたい小学4年生くらいまで続けました。

小学1年生
7歳

小学校入学。

入学後は、いたってのんびりとした日々を過ごしました。4人とも公文とバイオリン、スイミングを続けていましたが、いずれも週1回程度。「受験」とは無縁の雰囲気の中、のびのびと楽しく小学校に通い、よく遊んでいました。

小学4年生
10歳

浜学園に通い始める。

週2回の授業からスタート。小学校の宿題と塾の宿題を完璧にやること、テストでは100点を狙うことは教えていましたが、それほど勉強していなかったと思います。

小学5年生

11歳

浜学園が週4回に。

塾へ行く回数は増えましたが、まだまだ勉強漬けということはありません。宿題とテストを完璧にやろうという心掛けも同じです。

小学6年生

12歳

浜学園は週4回＋土日は補習や模試ですべて埋まる状態に。

この頃になると毎日が勉強、勉強に。お盆もお正月もぜんぶナシにして、非日常であることを演出。ほぼ毎日、浜学園に行くので、おのずと帰宅後は宿題をすることになる上、週末の模試に備えて勉強。私は、受験生につきっきり。他の子には、食事の用意など当たり前のことはしましたが、その他は「元気でいてくれればいいから」と言って、のびのびさせていました。

長男から

公文で問題の量をこなし、先へ先へ進む勉強法を身につけたことは、計算力の基礎をつくる上でとても役に立ったと思います。また、浜学園ではそれまでやったことのなかった文章問題や図形など難しい問題を教えてもらうようになり、算数がとても楽しくなりました。

小学生の学習
国語

お母さんの音読がとっても効果的

子どもは行動範囲が狭く、人生経験もほとんどないので、小説やエッセイなどで描かれている「心の機微」をつかむのが苦手です。

子どもに登場人物の感情の動きや物語の背景を具体的にイメージしてもらうには、お母さんの音読が有効です。お母さんが情感豊かに読んであげれば、問題にも的確に答えられるようになります。さらに時々、登場人物の気持ちや物語の背景をわかりやすく解釈してあげると、理解がより深まります。

私は子どもたちが生まれてすぐの頃から絵本を読み聞かせるのを習慣にしてきました。その流れで、子どもたちが学校に通い始めると、今度は教科書や問題集を音読するようになりました。音読がいい、と聞いて始めたわけではなかったのですが、子どもたちも自然に聞いてくれていました。**音読はいつから始めても効果があります。続けていれば、子どもの聞く姿勢も整ってきて、勉強がはかどることを実感できると思います。**

私が音読をしている時、子どもたちは思い思いのスタイルでリラックスしています。クッションを敷いて、ごろんと横になっていたり、まだ身体が小さいうちは、私の肩の上におさるさんのように腰かけていたり。もちろん、音読の声は、その問題に関係のない子どもたちにも届いていますが、特にうるさがられることはありませんでした。

そんなふうに音読を続けていたのですが、次男が小学6年生の時、模試の国語が48点だったことがありました。驚いて解答用紙を見てみると、長文問題がほとんどできていませんでした。取り上げられていたのは、向田邦子さんのエッセイでした。家族のために働いていた彼女が、ようやく自分のために買った高価な手袋をつけて電車に乗り、つり革を持った時、「ああ、よく頑張ったな」と思う――というお話でした。

次男には、この働く女性の気持ちが読みきれなかったのです。だから、「彼女が、なぜ手袋にこだわったのか」「なぜ頑張ろうと思ったのか」と問われて、全て間違えていました。この時、「専業主婦の私しか知らないからだ。経験がないことがわからないのは当然だ」と、ハッとしました。それ以来、音読ではただ読むのではなく、背景まで理解できるよう注釈をはさみつつ読むようになりました。

私の音読が終わったら、子どもたちは問題を解きます。そうすると、子どもの負担が減って楽ですし、理解のスピードもうんと上がりました。

ただ、三男が小学5年生の頃でしょうか。こんなことがありました。

虫捕りをする子どもたちのお話で、ある男の子が鈴虫を見つけて好きな女の子にプレゼントしたいんだけど、周囲に冷やかされないように、さりげなく渡したい。その工夫をするというストーリーで、いつものように声色を変えて読んでいたのですが、話の中にたくさんの子どもが出てきて、だんだん誰が誰だかわからなくなって、「あれ？ あれれ？」と混乱していたら、それまで黙って聞いていた三男から「ママ、もう音読はいいから」と言われました。

あまりに私が楽しそうだから言いにくかったらしいんです。この頃にはだんだん、自分で読む力もついてきていました。

音読は、お母さんも楽しいですし、子どもの成績も上がりますから、小学生のお子さんがいるうちは、ぜひ続けてほしいものです。

column

3歳までに絵本1万冊を読み聞かせる

どこで最初に聞いたのか正確なことを忘れてしまったのですが、長男が生まれた頃、「3歳までに絵本1万冊の読み聞かせをしましょう」と提唱されていることを知りました。日本語の言語能力が豊かになると、自分の思いを整理して伝えられるようになり、思考力と心が育つというのです。「へぇ、1万冊なんてすごいなあ」と思って、主人に話したら、「1万という数字は意味があるんだよ。司法試験も1万時間勉強したら通ると言われているし、1万という数字は人間の中の何かをはじけさせる力があるんだろうね」と言うんです。

そこで、「あ、そうなんだ。じゃあ、やってみよう」とすぐに始めることにしました。

1万冊を3歳になるまでの期間で日割り計算すると、1日10冊です。多少の覚悟は必要ですが、我が家ではテレビを見ませんから、可能な数字だと思いました。公文の推薦図書リストをもとに取り寄せたり、図書館に借りに行ったり。図書館はひとり6冊借りられる仕組みでしたから、長女が生まれてからは6人家族で最大36冊。貸し出しカードを6枚持って行き、毎回、大きな布袋にごっそり入れて帰ってきました。

読み聞かせの時間はとくに決めていませんでした。昼間に子どもたちが退屈しているようだったら読むようにしていたほか、寝る前には必ず読んでいました。そして、絵本を読み終わったら必ず「正」の字を書いて数えていました。

もっと楽しく読んであげようと思って、影絵に挑戦したこともあります。障子を立てて、ライトアップして。けれど、お話を始めたとたん、子どもたちの側に障子が倒れてしまって、うわあああああーっ。それはそれは、すごい勢いで逃げていきました。それ以来、影絵はやっていません。

長男が3歳になった日、目標通り1万冊を読み終えていて、記念すべき1万1冊目を主人が読み聞かせてくれていました。そうしたら主人は、「あれ?? ママ、なにも変わらないよ!」って。長男が急に難しいことを話しだすと思っていたみたいです。

さすがにそんなことはありませんでしたし、子どもたちも今となっては絵本を読んでもらったことは、ぼんやりとしか覚えていないようです。けれど、言語能力の礎になったに違いないと思っています。

ちなみに、童謡も3歳までに1万曲聴かせました。CDをかけ、一緒に歌いながら、美しい日本語に触れることができたと思っています。

そして、幼い子どもたちと一緒に絵本を読み、童謡を歌っていた時のことを思うと、「ああ、幸せだったな」と温かい気持ちでいっぱいになります。子どもの能力を伸ばすために必要かなと思って始めたことではありますが、子どもと一緒に幸せな時間に浸ったことが私の一番の思い出です。

小学生の学習
社会
理科

歴史は漫画、地理は「るるぶ」、理科は植物図鑑が役に立つ

我が家では基本的に漫画は禁止でしたが、**「学習まんが　日本の歴史」(小学館)と「学習漫画　世界の歴史」(集英社)を全巻買って、いつでも読めるようにしていました。**長男が小学校に上がる頃にそろえるようになり、新しいものが出たら追加していました。

次男の灘高校の同級生に、日本史がとてもよくできる子がいたのですが、次男が「どうしてそんなによくできるんだ」と聞いたら、「歴史漫画が面白くて、何百回と読んでるうちに覚えてしまった」と言っていたそうです。

漫画のいいところは、著名人の顔や、当時の服装が覚えられることです。さらに気分転換になる。子どもたちは勉強の合間に、ごろんと転がりながらペラペラとめくっ

て楽しんでいました。テスト前になると、もう一度、該当箇所だけ読むこともありました。

地理には旅行情報誌「るるぶ」(JTBパブリッシング)が役立ちます。

子どもは大人と違って、圧倒的に知識が少ないです。大人であれば「新潟」と聞けば、雪が降って寒くて、お米がおいしいところ、となんとなくすぐにイメージできますが、子どもはそうはいきません。ましてや一度も行ったことがない場所のことはわかるはずもありません。我が家ではテレビを見なかったこともあって、一度、絵や写真を見せておく必要もあるなと思って日本各地の「るるぶ」をそろえるようになりました。現地に行く予定は特にありませんでしたが、勉強の合間に気分転換がてら関連するページを開いて見せると、わくわく楽しそうに眺めていました。

また、我が家では子どもたちが幼い頃、**散歩へ行く時には植物図鑑を持って行っていました。**シロツメクサを見つけたら、そのページを開いて原産地を確認したり、初めて見る葉っぱの名前を調べたりしていました。理科が得意になってほしいという願いはありましたが、それ以上に「知る喜び」を味わってほしかったからです。

野に咲く花も、空で輝く星も、ぼけっと見ているよりも花の名前を知り、星座の知識があった方が楽しいです。つまり人生が豊かになります。新しいことを知ることは、その第一歩になるわけです。

図鑑を開いて調べる作業は、お母さんがしてあげるとよいでしょう。子どもが自分で調べてこその勉強、と考えている方もいますが、まずは「わからないことを知るのは楽しい」という感覚を教えてあげることが大切です。

とはいえ、私自身はそれほど庭の手入れをしないので、子どもたちの身近に常に花や草木があったわけではありません。浜学園の模試の理科で「宵待草《よいまちぐさ》」という花の色を4人とも間違えたこともありました。答えは黄色ですが、実際に見たことがないのでダメですね。4人合わせて50点くらい損したと思っています。間違えた問題を前に、図鑑を見せつつ、「宵待草なんだから、月を待っているということ。黄色でしょ」とコメントを挟んで復習しました。

また、これは中学生以降の話になりますが、「源氏物語」などの古典を理解するのにも、やっぱり漫画が役立ちます。

勉強は本来楽しいもの。苦しんで机に向かうばかりではなく、リラックスしながら深められるものがあれば、積極的に取り入れるべきだと思っています。

次男から

学習漫画は大好きで、しょっちゅうページをめくっていました。かなり細かい歴史事情が描きこんであるので、教科書としてもとても優れたものだと思います。「北条時宗」と聞いて、顔や服装などを思い浮かべられたのは、絵でインプットできたからです。また、母が植物図鑑を持ち歩いていたのはよく覚えています。ただ、今も植物は本当に苦手で、克服できていません。

小学生の学習
算数

ノートは1問1ページ。拡大コピーで難しい問題も易しくなる

算数の成績は、ノートの使い方で大きく変わります。

私は、子どもたちに**1問に1ページ使う**ように言ってきました。図を描いたり、いろいろな公式を使ってみたり、頭の中でごちゃごちゃと考えていることを全部書くスペースが必要です。ノートを広々と使えば、頭の中もすっきり整理されてきます。1ページに何問も詰め込んでちまちま書いて式を省略したりしていては、成績は伸びません。

問題を拡大コピーして左のページに貼り付けることもありました。拡大して見やすくなると、難しい問題も易しく見えてくるものです。問題をノートに貼り付ければテキストとノートを交互に見る手間も省け、視点をずらすことなく集中することができ

ます。

コピーをして、ノートを作るのは私の仕事です。４人分をコピーして、切って、貼って、をひたすら繰り返していました。なかなか大変な作業でしたけれど、確実に成績に良い影響を与えていると感じていました。

こんな調子で、コピーをしょっちゅうする必要があったので、**我が家にはコピー機がありました。**家庭用の手頃なものですが、本当に大活躍。一家に1台、絶対にあった方がいいです。いちいちコンビニまで行くのは大変ですし、何度もやりたい問題にもすぐに対応することができます。

ちなみに子どもたちはみんなバイオリンを習っていましたので、楽譜も大きくしてみたら、「音符が見やすくて、弾きやすい」と言っていました。視覚的に広がると、精神的にも楽になるのかなと思いました。

長男から

算数や数学の勉強でノートを広く使うことは、頭の中を整理する上でとても有効です。母からは「細かい字でちまちま書くより、大胆に書きなさい」と常に言われていましたが、1問に1ページ使うようにすると、ぐんぐん問題が解ける感覚がありました。大胆なノート使いを続けていくと、図形を書く時などにノートの罫線が邪魔だと感じるようになり、大学受験前には無地のルーズリーフを選ぶようになりました。B４のコピー用紙を半分に折って使うこともありました。罫線にとらわれることなく、真っ白で広いスペースに頭の中に浮かぶことをどんどん書きこんでいました。今も勉強する時は、真っ白な紙を使っています。

三男から

母は算数のノートの左ページの端に問題を貼り、残りのページで解けるようにしてくれていました。理科のノートは、問題が貼ってあるページをめくると解答が貼ってあったりして、勉強もしやすかったです。

小学生の学習

手作り教材

コピーして切り貼りを済ませておけば、すぐに勉強に取り掛かれる

子どもたちを学校に送り出した後、ノリとホチキスなどを出してきて、コタツで教材づくりをするのも私の日課でした。

切ったり貼ったりは得意なので、何の苦でもなく、とにかく楽しみながらやっていました。とくに中学受験前は大忙しでした。

教材といっても、私が問題を考えるわけではありません。作業の多くは、浜学園で出される**宿題を拡大コピーして、ノートの左側のページに貼ったり、白紙のノートに宿題プリントの③をやるなら「③」とナンバーを書きこんだりする**こと。子どもが帰宅したら、すぐに取り掛かれるようにする準備でした。

ノートに書きこむペンの色はカラフルにしようと決めていて、文房具店に行くたび

に明るい色やキラキラする色など様々なペンをそろえていました。カラフルにすると、私もちょっと楽しいですし、子どもにも気分転換になるようでした。例えば、今日中に終わらせなければならない問題の番号は緑で、翌日にやる予定の問題の番号はオレンジにしておくと、子どもは色が変わった時に「あ、終わった！」とちょっとうれしいわけです。日々の勉強がちょっと楽しくなる工夫のひとつだと思います。

もうひとつは、インデックスをつける作業です。参考書の重要な部分には必ずインデックスをつけ、該当する問題にも同じインデックスをつけていました。こうしておけば、子どもが問題を間違えた時に、すぐに正解を調べることができます。インデックスの色をそろえるなどして、ここでもちょっと工夫していました。

あれもこれもと欲張らず、ひとつのテキストをしっかりやる

子どもたちの参考書や問題集をあれこれ選ぶのが好きな私ですが、子どもたちが小学生のときは、参考書は浜学園のテキストのみと決めて、市販の参考書は使いませんでした。

長男が小学4年生の頃、理科の授業で、花の名前や植物の構造などを学んだ時期がありました。知識を深めようと、市販の参考書をあれこれ集めてやらせてみました。そうしたら、ある花の色について、浜学園のテキストには「黄色」と書いてあるのに、市販の参考書には「薄黄色」と書いてある。長男が、「これはどっちなの？」と聞くわけです。実際に見たことがない花ですから、迷ってしまうようでした。

中学生になれば、「選択式のテストであればどちらかを選べばいい。『黄色』と『薄

黄色』のどちらもが選択肢になっていることはないだろう」と理解できるのですが、小学生はそういきません。

子どもがまだ幼いうちは様々な方向からアプローチしすぎると、知識が分散し、混乱してしまいます。ですから、シンプルにひとつの教材を使う方が賢明です。その代わりに、植物図鑑や旅行情報誌の「るるぶ」など写真や絵で表現されているものを多くそろえて、浜学園のテキストの補助的に使っていました。

中学受験対策

過去問

受験のプレッシャーに勝つためには、なによりも過去問を

中学受験の過去問は5年生など早い段階でやっても意味がありません。入試には6年生で習うことが数多く出題されますし、灘など難関校となると本当に手強い問題が出るので、5年生ではそもそも解けません。焦らなくて大丈夫です。

我が家の長男、次男が中学受験の過去問に手をつけたのは、受験直前の冬でした。

また、**6〜7年分やれば十分でしょう。**長男も次男も、中学受験の直前にひと通りやっています。

しかし我が家の三男の場合は、ちょっと事情が違いました。

三男は小学6年生の夏のとても重要な模試「灘中オープン」で100点満点の算数

で9点を取ってきました。これは、絶対に合格判定を出したいところですし、70点くらいは取れるかなあと思っていたら9点とは！　見たこともない数字に、固まってしまいました。

ただ、それまでの塾の成績が長男や次男に比べて特に悪いわけでもないですし、日々の勉強をサボっているわけでもない。「プレッシャーがあるんだ」と気づいて、3日ほど真剣に対策を練りました。答えは「過去問を徹底的にやろう！」でした。模試はしょせん、模試です。実際の問題をきちんとできるようになれば、自信もつくだろうと思ったのです。

それからネットで調べるなどして、灘中の過去問をできる限り集めました。最終的に1989年から2007年までの分を集めて、全科目を4部ずつコピーして、ホチキスでとめました。つまり、19年分を4周しようと思ったのです。自宅のコピー機は連日フル回転でした。

灘の入試は1月中旬。12月末までに4周できるようにきちんとスケジュールを立ててから、三男に言いました。「これを全部やったら絶対に通るから」と。信じてやることが大切ですから、そう宣言して一緒に始めました。

1周目は普通に解いて、間違えたところはノートにまとめたり、兄たちや塾の先生に聞いたりして丁寧に。2周目でその確認をして、3周目では時間制限を設けて臨みました。どんどんスピードがあがってきて、4周目には難なく解けるようになっていました。

そして、無事に合格——。三男は量をこなしたことが自信になり、当日は落ち着いて臨んだようです。本当にホッとしました。

長男から

三男が灘中受験を前に緊張している様子は伝わってきました。模試でも3回に1回は微妙な点数を取ってくるので、先に受験を終えた立場としてアドバイスしたこともありました。頑固なところがある三男は自分が納得したやり方で勉強を進めたいタイプ。大丈夫かなと思いながら、見守っていました。

次男から

三男は、要領がよくないことをきちんと自覚しています。中学受験は苦労していましたが、誰よりも努力家であり、大学受験では3兄弟の中で最もいい形で東大理Ⅲに通りました。

三男から

灘中には兄2人が楽しそうに通っていたこともあり、「行きたい」という思いが強かったです。小学生だった自分がプレッシャーを感じていたのかどうかは覚えていませんが、「行かなければならない」という思いも確かにありました。母がよく手伝ってくれましたが、3人目だからノウハウがあって、手伝うのもうまくなっていたと思います。僕はとにかく過去問をよくやりました。母が過去問をすべてコピーし、解きやすいように切り貼りしてくれていました。

中学受験対策

模試

判定結果にとらわれず、勉強の成果を測り勉強法を見直す

中学受験は多くの場合、子どもにとって人生で経験する初めての「受験」。模試を受けて「場なれ」しておくことは大切です。我が家では塾が実施している模試を6年生の時に数回受けました。

小学6年生はまだまだ子どもですから、あれもこれもと手を出すと混乱してしまいます。塾に通っている方なら、どの模試を受けるのかは、塾の先生の指示に従うのがいちばんよいでしょう。

模試のための勉強、というものもとくに必要ありません。**模試はその時点での実力を知るものですから、普段通りに臨めばいい**と思います。

模試を受けることによって、子どもたちは問題を解くペースや、先に解くべき問題、

不得意な問題にはどれだけ時間をかけるべきかなどを学んでいったようでした。

模試を受けると、「A判定」「C判定」という結果にばかり目を向けがちですが、模試はあくまで模試。本番ではありません。ですから、模試の結果がよくても悪くても、その度に一喜一憂する必要はなく、目標に向かって着実に歩むことが大切です。

つまり、模試というのはその時点での勉強の成果を測り、その後の勉強法を見直すためのもの。数点足りないだけで自信をなくして、志望校のランクを下げるようなことはしなくていいと思います。

中学受験対策

筆圧

受かる子は「ちょうどいい筆圧」を知っている

三男の灘中受験の前、「とにかく過去問だ！」と決めて、大量の問題を解かせて、私がマルつけをする作業と格闘していた時、ふと気がついたことがありました。三男の筆圧が強すぎるのです。

長男と次男のノートと比べても明らかに強い。太くて濃い字ですから、消しゴムで消してもきちんと消えていません。その上から新たに字を書いても、頭の中がすっきりしていないので、うっすらと残った字に惑わされて間違ってしまっていました。計算が遅い理由もここにあるようでした。

弱点はこれだと、気づきました。

三男に「筆圧が強すぎるよ」と言ってもピンとこないでしょうから、長男と次男を

筆圧

呼んで、3人に「よーいドン！」で灘中の過去問を解かせてみました。

兄2人は、さらさらと解きつつ、間違えたらきれいに消しながら、すごいスピードで終えてしまいました。灘中の算数の問題は難しく、量もしっかり出ますから、速さは本当に重要です。

解答用紙を見せながら、三男に言いました。**「灘中生は筆圧もちょうどいいから、きれいに解答用紙を使えて、計算も速くて正確なんだよ」**と。

少し頑固なところのある三男は「これが僕のやり方だ」と抵抗しようとしましたが、長男に「あのな、受験は要領のいい奴から通るんだ。勉強のやり方にこだわるなら大学の数学科に行けばいいよ。**受験に通りたいなら、要領よくやれ**」と諭されると、素直にうなずいていました。それからは、問題を解く時に意識をして直そうとしていました。

そのかいあって、筆圧も適度になった頃には、ずいぶん計算間違いも減って、「灘中は通るな」とホッとすることができました。

たかが筆圧、たかが持ち方、とそのままにしておかないで、細かいことを見逃さないことが大切だなとしみじみ思った出来事でした。

筆圧については、長男はかなり弱く、次男は普通、僕はとても強かったので母に指摘されたことは覚えています。直してみたら、頭の中で考えていることをスラスラとメモできるようになり、集中力が増しました。それまでは、考えることよりも書くことに集中してしまっていたので、計算などとても時間がかかってしまっていたのが改善されました。

中学受験対策

直前の勉強法

時間は有限。受験直前は「捨てる」勇気を持つ

普段は受験に関係のない科目も手を抜かないようにしてきましたが、受験が直前に迫ってきた時期は別です。受験に関係のない科目は、思い切って「捨てる」勇気も必要です。

三男の中学受験の時、東大寺学園の試験科目の社会が選択制になったと聞いた瞬間、勉強するのをやめました。本命の灘にはもともと社会がなく、国語と算数と理科だけだったこともあって、意味がなくなったわけです。勉強スケジュールを全て書き換えて、不要になった参考書は見えないところに片付けました。灘がダメだったらなんて悩んでいる暇はありません。ちょっとぼけっとしていたら、すぐに1カ月過ぎてしまいますから、大事なことは迷わず決断に限ります。

灘の入試問題の理科は、かなり難しいと言われています。基礎知識だけでは当然解けませんし、応用力や分野をまたいで考える複合的な力が試されます。理系に強い子を育てようとしている学校ですから、理科だけではなく算数も難しく、一朝一夕の準備では間に合いません。

国語は精神年齢が高くなければ正解が導き出せない印象です。人の感情の機微をつかむ能力と言えばわかりやすいでしょうか。多くの文章に触れつつ、登場人物の心情を丁寧に解説してあげることが何よりの対策となります。

ということで、受験はやることが山積みです。やるべきことにたっぷり時間をかけましょう。

中学受験対策

本命と併願

本命校の前後に受験を入れ、ピークを本命校に持っていく

場なれするためにも、**本命校の前の試験日程の学校を受験する**ことは大切です。試験時間を体感し、会場の雰囲気を味わって、どんな環境でも力を出せるように準備をしておきます。

さらに、**本命校のあとの試験日程の学校も受験する**ことをおすすめします。本命校を最後に設定していた場合、親も子も2日前くらいに緊張の糸が切れてしまいます。「ああ、やっとここまできた」という安堵にも似た気持ちになると、ひゅーっと集中力までなくなってしまうことも。頑張ってきた親子ほど、その危険性があるのです。

しかし、本命校の次にもう一山あると思っていれば、「まだまだ戦いは続くぞ」というテンションで走り続けることができます。場なれの前受験と、駆け抜けるための

あと受験。どちらもオススメです。

受験先は、本命校を挟んで、それぞれ1週間とか2週間以内の学校であれば、実力に応じてどこでもいいと思います。

中学受験はどこの学校にもある程度共通する傾向があります。だから**トップを狙って勉強すれば、最終的には2番目、3番目には合格します**。

長男は、灘と東大寺、西大和と洛南、洛星の5校受けてすべて合格。

次男も、過去問を一度も解くことなく、ラ・サールと開成に合格。東京の開成と、鹿児島のラ・サールを受けたのは、本人が「全国制覇したい」と言いだしたからです。

三男は、灘以外に岡山白陵と東大寺を受け、いずれも合格しています。三男の時から受験日程が統一されたので、併願できたのは2校だけでした。

東京や岡山、鹿児島など遠方での受験は宿泊となる場合もあるので大変でしたが、我が家では子どもの体力、体調とも相談しつつ、併願校を決めました。

中学受験対策
志望校

第3志望までに合格すれば御の字。大学受験でいくらでも巻き返せる

我が家の3兄弟はみんな灘に進学しましたから、よほど灘にこだわっていたと思われるかもしれませんが、そうではありません。

長男を浜学園に通わせ始めた時、灘は意識していませんでした。他にもいくつか魅力的な学校が家から通える範囲にあるからです。その中から、本人に合った学校が見つかればいいな、と思っていたくらいでした。

もちろんどこでもいいわけではなく、子どもの学力をめいっぱい育ててあげて、うーんと手を伸ばして届く一番よい学校に入れようとは思っていました。我が家では、それが灘だったにすぎません。

志望校を決める時、正しい選択ができない人が多い印象があります。それは、子どもではなく、親が間違ってしまっているのです。

志望校を間違える最大の理由は、「見栄」です。

こんなに高い月謝を払って塾に行ったんだから……。

他の子も受けるんだから……。

親類みんな良い学校に通っているんだから……。

そんな理由で志望校を選んでいては、子どもの実力に見合った勉強ができません。

そしてかなり高い確率で落ちてしまいます。

中学受験は第3志望までに合格すれば大丈夫だと思います。中学・高校の6年間できっちり大学受験の準備をすればいいのです。

中学受験の時、子どもはまだ12歳です。いくらでもやり直しがききます。

ですから、手を伸ばしても届かないことが明らかになった時は、見栄とプライドを親子ともども捨てて、志望校を変更しましょう。そして、もし第1志望に落ちたとしても、第2、第3志望の学校で、イチから鍛え直せばいいと大らかに構えておくことが大事です。

第4章

中学・高校時代の勉強のコツと東大受験対策

中学・高校

学校生活

中高一貫だから中学はのんびり。高校からギアを上げていく

中学受験を乗り越えて灘に合格したあと、我が家の3兄弟は比較的のんびり過ごしていたように思います。**次男と三男は中学3年から東大や京大など難関国立大や医学部への進学に特化した塾「鉄緑会」へ通い始めましたが、長男は塾に行かないまま中学3年間を過ごしました。**

長男はサッカー部に入部。早朝特訓がある日は午前5時頃に出かけて行くので、お弁当を作る私もかなり早起きでしたが、やりたいことを思いきりやって学校生活をめいっぱい楽しんでほしいと思っていました。サッカーは結局、高校3年の夏まで続けました。

次男は野球部でした。とにかく友達が多くて、にぎやかに過ごしていた印象があります。野球は高校に上がる時にやめていますが、大学で再び野球を始めて、医学部野球部のキャプテンもしていました。組織を動かすことにやりがいを見いだしていたようで、ある時、「俺、大阪桐蔭から監督依頼が来たら、医者をやめて監督やるわ」と言っていたことがあったほどです。「大丈夫、こないから」と返しましたが。

三男は卓球部に入部しました。それほど熱心に部活をしていたわけではないようでしたが、勉強漬けにならずに、穏やかな中学生活を送っていました。ゲームが好きで、通学中はずっとやっていたように思います。通学時間は「オフ」の時間だと割り切って、自由にさせていました。

ただ、**学校や塾の宿題は完璧にやるようにそばで見ていましたし、テストの予定は定期テストはもちろん、英単語や漢字などの小テストまですべて把握**していました。そして全てのテストで100点を狙わせて、勉強の予定を管理していました。このケジメがついていれば、中学時代はのびのびさせるのが一番よいように思います。

高校に進学すると、灘では少しずつ受験モードに入っていきます。1年、2年、3年と進級するにつれ、おのずと受験に対する雰囲気が盛り上がっていました。

長男は、高校に進学したときに鉄緑会へ入りました。鉄緑会の校舎は大阪にあったため、神戸市の灘で授業を受け、大阪の鉄緑会に寄り、奈良の自宅に帰る日が週に何度か入るようになりました。中学3年の時に鉄緑会に入った次男と三男は、高校に進学してからも鉄緑会に通い続けました。

長男と次男は、英語や化学を専門的に教えてくれる別の塾に通っていた時期もあります。

高校3年になると、週末や夏休みは模試や講習でほぼ埋まりはじめます。秋までは模試の成績をチェックしながら弱点を補いつつ進め、秋以降は一気に仕上げに入りました。

サッカーに没頭している長男については、正直なことを言うと、高校2年生の時にはそろそろ部活はやめたらいいんじゃないか、と思ってはいました。けれど、頭ごなしに「もう部活やめなさい！」と言ってやめさせずに見守ることにしました。**やりたいことを存分にやり尽くしてこそ、勉強に集中できるだろうと思ったからです。**

中学・高校

参考書・問題集の選び方

参考書・問題集代はケチらない。母が選んで買ってくる

中学受験までは市販の参考書をほとんど使わなかった我が家ですが、子どもたちが中学に上がって以降は、参考書を積極的に買うようになりました。

子どもたちの参考書は、ほぼすべて私が選んで買ってくるようにしていました。

「子どもが自分で、好きなものを選んだほうがよいのでは？」と思う方もいるかもしれませんが、自分で選んだからといって頭に入るものでもありません。**何より、子どもたちが選んでいる時間がもったいない。その時間を暗記や問題を解くことに使ったほうがずっといい。**「子どもが自分でやっても成果にならないものは、お母さんがやる」が、我が家の方針です。

参考書・問題集の選び方

「勉強の内容がわからないから、参考書選びはできない」と思うお母さんもいるかもしれませんが、大丈夫です。私も中学受験くらいまでは理解できましたが、東大入試の内容をすべてわかっているわけではありません。それでも参考書や問題集選びはできましたから。

参考書選びのポイントは、勉強の基礎固めの段階では、**できるだけわかりやすく、ページ数が多くないもの**を選ぶこと。最初のページから最後のページまで、それほどつまずかずにできることが大切です。最後までやると気分もよくなりますし、小高い丘の上にあがって全体を見渡すことになるので、これからどこを中心に知識を深めていけばいいのかもよくわかります。やる気がわいてくると思います。

これは**料理のレシピ本を選ぶ感覚**に似ています。同じ料理を作るのにも、工程がわかりにくいものやら、字が読みにくいものは、作る気がなくなってしまいます。「やってみたい！」と同時に、「できそうだ！」と思えることが大切です。

ママ友や塾の先生から情報収集をしたり、書店に足を運んで参考書コーナーをうろうろしたりして、私でもわかりやすいと思える参考書を探していました。

ただ、我が家の子どもたちは、私が買ってきた参考書や問題集の全部を気に入るわけではありません。特に三男は、挿絵が多かったり、装丁がかわいかったりするものは好きじゃないようでした。買ってきたものの中から、それぞれが気に入ったものを使っていたので、子どもたちがほとんど手を付けない参考書や問題集もありました。

なかなかうまく選べないこともあるかもしれませんが、とりあえず気になるものを片っ端から買ってみましょう。参考書や問題集に使うお金は、ケチってはいけません。そのうち子どもの興味を引くツボが、わかってくるはずです。

長男、次男は、基本的に参考書や問題集を自分で買ってくることはありませんでしたが、凝り性の三男は時々、とてつもなくマニアックで分厚い専門書などを買ってきていました。じっくり物事を考えるのが好きなので、そこは見守ることにしていました。

東大受験のときに使用した参考書や問題集については、180ページからのリストにまとめました。私の感想だけでなく、実際に使用した子どもたちの意見も入っていますので、ぜひ参考にしてみてください。

長男から

「化学の問題集が欲しいな」とポロッと言ったら、母はすぐに書店に行って、「受験化学」と名のつく参考書や問題集をありったけ買ってきてくれました（笑）。その中から自分に合うものを選んで使っていました。使わないものもありましたが、母は気にしていませんでしたし、参考書や問題集にお金を惜しむことはありませんでした。

佐藤ママ＆3兄弟のオススメ参考書・問題集一覧

★はとくにお薦めのもの

現代文

『出口現代文講義の実況中継』シリーズ　出口汪／著（語学春秋社）★
『東大現代文で思考力を鍛える』出口汪／著（大和書房）

古文

『ゴロで覚える古文単語ゴロ565』板野博行／著（アルス工房）
『源氏物語を3日で極める』板野博行／著（スタディカンパニー）★
『古文単語ゴロゴ手帖』板野博行／著（スタディカンパニー）
『大学入試　速修パワーノート古文〈標準〉』
高校国語教育研究会／編（増進堂・受験研究社）
『大学入試　速修パワーノート古文〈完成〉』
高校国語教育研究会／編（増進堂・受験研究社）
『マドンナ古文』シリーズ　荻野文子／著（学研教育出版）★

漢文

『田中雄二の漢文早覚え速答法』田中雄二／著（学研教育出版）
『田中雄二の漢文　漢文速点法　田中式問題集』
田中雄二／著（学研教育出版）

数学

『スタンダード数学演習』シリーズ（数研出版）
『オリジナル数学演習』シリーズ（数研出版）
『オリジナル・スタンダード数学演習Ⅲ・C受験編』（数研出版）
『チャート式』シリーズ（赤チャート、青チャート）（数研出版）
『入試数学の掌握』シリーズ　近藤至徳／著（エール出版）★

三男から

最近、人気があるのが掌握シリーズ。兄が大阪の鉄緑会で教わった近藤先生が出した参考書で、難しすぎず、でもポイントはきちんと押さえてあって、着実に力がつきます。

英語

『ロイヤル英文法』シリーズ（旺文社）
『ドラゴン・イングリッシュ』シリーズ 竹岡広信／著（講談社）
『ライジング英語長文読解』 小川貴宏／著（桐原書店）
『即戦ゼミ　英語頻出問題総演習』 上垣暁雄／編（桐原書店）
『山口英文法講義の実況中継　（上）（下）』 山口俊治／著（語学春秋社）
『連鎖式英単語事典』 ホリム・ハン／著（三修社）
『灘高キムタツの東大英語リスニング』
木村達哉／著（アルク）★

長男から

東大のリスニング対策は、過去問しかなく、練習しようにも限界があったのですが、灘の木村先生が出しているリスニングシリーズは東大に特化した初めての対策書でとても役に立ちました。

物理

『難問題の系統とその解き方　物理』 服部嗣雄／著（ニュートンプレス）
『セミナー物理Ⅰ＋Ⅱ』（第一学習社）
『新体系物理Ⅰ・Ⅱ』 下妻清・岡田拓史／著（教学社）
『理論物理への道標　（上）（下）』 杉山忠男／著（河合出版）
『物理のエッセンス』 浜島清利／著（河合出版）
『名問の森　物理』 浜島清利／著（河合出版）★
『浜島清利物理講義の実況中継』 浜島清利／著（語学春秋社）★

次男から

『名問の森　物理』は僕のバイブルでした。問題集なので、同じ著者の『浜島清利物理講義の実況中継』を併用していましたが、東大理Ⅰまでなら、この二つで十分対応できます。実況中継シリーズは、口語体で書かれているので、教科書の行間を埋めてくれて、とてもわかりやすいのでオススメします。

化学

『セミナー化学Ⅰ＋Ⅱ』（第一学習社）
『化学Ⅰ・Ⅱの新演習』卜部吉庸／著（三省堂）
『化学の新研究』卜部吉庸／著（三省堂）
『新理系の化学問題100選』石川正明／著（駿台文庫）
『実戦　化学Ⅰ・Ⅱ重要問題集』（数研出版）
『斉藤化学Ⅰ・Ⅱ講義の実況中継』斉藤慶介／著（語学春秋社）

世界史

『よくでる世界史Ｂ一問一答　重要用語問題集』
小豆畑和之／編（山川出版社）
『詳説世界史研究』木下康彦・吉田寅・木村靖二／編（山川出版社）
『各国別世界史ノート』塩田徹・永井英樹／編（山川出版社）
『センター試験への道　世界史（問題と解説）』
年森寛／編（山川出版社）
『決定版 世紀の号外！　歴史新聞』歴史新聞編纂委員会／編（日本文芸社）
『新版 世界各国史』（山川出版社）

日本史

『30日完成　スピードマスター日本史問題集』
東京都歴史教育研究会／編（山川出版社）
『よくでる日本史Ｂ一問一答　重要用語問題集』
日本史一問一答編集委員会／編（山川出版社）
『一問一答　日本史Ｂターゲット4000』石川晶康／著（旺文社）
『詳説日本史史料問題集』野呂肖生／著（山川出版社）
『決定版　日本史新聞』日本史新聞編纂委員会／編（日本文芸社）

中学・高校

参考書・問題集の進め方

薄い参考書を3回やって基礎を固め、次のものに取り掛かる

基礎を固めるためには、まず**薄い参考書を3周する**と効果的です。薄いということは、基礎・基本が中心ということ。3周すれば足元はかなり固まるでしょう。学校のテストはこれで点数が取れるはずです。

センター試験はもちろん、東大の入試問題は、基本的には奇をてらったものはほとんど出ません。上品な良問ばかりです。だからこそ、基礎を固めることが大切です。特に英語は単語帳や文法の問題集など、基本をしっかり押さえているものを選ぶようにしていました。英語とは、本当に地道な基礎の積み重ねでしか力がつかないものだからです。

基本を身につけたところで、より専門的で深い知識をつけることができる参考書と

問題集に臨みます。基礎はできているわけですから、丸腰ではありません。知識を積み重ねていく感覚が持てると思うので、勉強が楽しくなるはずです。

難しい問題集の場合、最後までできなくても、それほど気にすることはありません。基礎の上に、さらに積み重ねたい部分だけじっくりやるものだととらえ、部分的にこなしていけばいいでしょう。

ちなみに、参考書は毎年新しいものが出ます。定番の参考書でも、受験情報が反映され、内容がどんどんアップデートされていきます。我が家は、長男と次男が年子でしたが、参考書の「お下がり」はしたことがありません。その時の**最新のものを買って使わせる**ようにしていました。

中学・高校
英単語

単語帳は真ん中のページから始め、意味はひとつだけ覚える

英単語を覚えるときは、まずは「これ」という単語帳を1冊決めます。パラパラとめくってみて4割くらいはわかるものがいいでしょう。あまりに難解なものではダメです。「まだ知らない残りの6割を覚えるぞ！」という気持ちになれることが大事です。

英語にはひとつの単語につき、いくつもの意味があり、単語帳にも複数の意味が書かれています。しかし、**最初に出てくる意味をひとつだけ拾って、次々と進めていきましょう。複数の意味を覚える必要はありません。**

もちろん、すべて完璧に覚えるに越したことはありませんが、時間は有限で、覚えなくてはいけないことは山ほどあります。**欲張ってすべての意味を覚えようとしていたら、結局、単語帳が1冊すべて終わらない**という事態に陥ります。これでは受験に

勝てません。ひとつだけでいいと割り切ると、勉強はずいぶんと楽なものになります。子どもたちの受験を見ていても、それで十分に対応できましたから大丈夫です。

長男は暗記が得意だったので、英単語もさっさと覚えていましたが、次男は語呂合わせを書きこみながらやっていました。三男は、「単語の意味はひとつでいい」と知りながらも、語源などまで深く調べていました。その作業が好きで、特に苦にならないようだったら、じっくりやるのもいいかと見守ることにしました。

また、英語に限らず、単語帳を1冊やり終えるにはコツがあります。**100ページの単語帳であれば、ちょうど真ん中の51ページから始めればいい**のです。

1ページ目から生真面目に始めては、必ず途中で力尽きます。51ページから始めると、最後の100ページが近い。最後のページを見て、気分よく1ページ目に戻るようにするのです。そうすると、単語帳の後半をマスターしている分、周囲よりリードできますし、1冊も思いのほかすぐに終わります。

この方法は、最初から始めなければ理解できないタイプの参考書や問題集には使えませんが、単語帳には有効です。

そして、英語や古文の単語の暗記は、日々の隙間時間でやるもの。時間をかけすぎてはいけません。

中学・高校

英語

東大英語レベルの英検準1級に中学時代から挑戦する

英検は英語学習の素晴らしい教材です。レベル別に分かれていて習熟度がわかりますし、筆記とリスニングがあり、体系的に学ぶことができます。最近はTOEIC®を受ける方も増えているようですが、受験との相性のよさからも、我が家はもっぱら英検派です。

受験英語と照らし合わせると、東大の英語は、英検準1級があれば十分です。逆に言えば、**東大を受けるのであれば、準1級は必須**です。だから我が家の4人も準1級までは取得することを目標にしていました。

学校行事や部活の試合と重なってしまって、思うように進まない時もありましたが、「準1級までは必ず」と明確に目標を決めていたので、妥協することはありませんんでした。

長男は中1の時、初めて英検の3級を受験しました。その時、**東大レベルを体感させようと思って、準1級も併願**させせました。3級に合格して次に2級を受ける時も、準1級と併願しました。時間の負担は相当なもので、大変そうでしたが、モノは試し。長男は、私が提案したことを、とりあえず素直にやってみてくれたので、少なくとも4回は併願させたと思います。

3級や2級レベルの子が準1級を受けても、当然ながら合格しません。ですが0点ではないんです。そして、何度か挑むうちに、だんだん点数が上がってくるのが楽しくて。「あれ？　もう少しじゃないの、いけるかも」と思えたらしめたもの。俄然、面白くなってくるようでした。

東大レベルを実感させる方法として、この併願作戦は本当にオススメです。ただ、難しすぎる問題をやって子どもが英語嫌いになっては本末転倒ですから、嫌がるようだったらムリにやらせる必要はありません。

この併願作戦のおかげで、我が家の3兄弟は、めでたく高校3年の受験期を迎える前には、英検準1級に合格することができました。

長男から

英検は常に、受ける級より難しい級とセットで受けていました。絶対に落ちるのですが、母は「とりあえず受けるだけ、受けてみなさい」と言っていました。何でも試してみてから判断するのが母。最初から「どうせダメ、やる意味がない」という発想は、英検に限らず一切なかったように思います。僕自身、自分の実力を知ることは大切だと思っていたので、進んで受けるようにしていました。

中学・高校
英語
古文・漢文

最初に日本語訳や現代語訳を読めば理解が早まる

英語の長文や古文・漢文は、そのまま読んでもすぐに理解できるものではありません。とくに学習の初期段階では何が書いてあるのかよくわからないので飽きてしまい、勉強に身が入らなくなってしまいます。

その場合、日本語訳や現代語訳を最初に読み、大意をつかんでから問題に着手するとよいでしょう。我が家では、**私が日本語訳や現代語訳を読みあげてから子どもが改めて問題を解く**というスタイルが定着していました。英文も古文・漢文も、問題についている解説に訳が書かれています。私がこれに事前に目を通しておき、場合によっては解説を加えながら訳を音読していきます。すると、子どもたちの理解が早まり、難なく原文を読みこなし、問題を解けるようになるのです。

何も見ずにとにかく自力で解く、というのが正統派のスタイルだとは思いますが、それにこだわったところで時間がかかって疲れるばかりで非効率です。「正しいやり方」にこだわる必要はありません。

ただし、受験本番では先に訳文を読むわけにはいきませんから、高校3年になったら最初から英語の長文や古文・漢文を読みこなすことに慣れる必要があります。きちんと学習を積み重ねていけば、受験前には子どもたちもだいぶ実力がつき、訳文なしでも無理なく読みこなせるようになっているはずです。

中学・高校
現代文

三男が「これ、おもしろい！」。『出口現代文講義の実況中継』シリーズ

現代文の問題は、**量をこなすより、解き方のコツを知ることが大切**です。

大学受験の現代文の問題は、人種を超えて仲良くしよう、戦争はダメだ等々、常識的な大人の理屈に沿った内容が出ることが多いです。ですが、受験生はまだまだ社会を知りませんから、大人の理屈がわからず、点数を落としてしまうのです。

次男と一緒にセンター入試の現代文の問題を解いたことがありました。次男は長文を読み、私は読まないまま、同じ問題を解いたら、私のほうが点数が高かったのです。次男は「えええーっ」と言ってびっくりしていましたが、意外とそんなものです。

つまり大人の価値観、理屈がわかれば高得点が取れます。そこでオススメしたい参考書が、**『出口現代文講義の実況中継』シリーズ**です。この本には、そのポイントが

非常に的確に書かれているわけです。

もともと私が読もうと思って買ってきたものでしたが、三男が何気なく手にして、ごろんと寝転びながら読んでいたら、「これ、おもしろい」と言って、最後は姿勢を正して夢中で読んでいました。そこで、出口先生の著書を何冊かそろえ、何度か繰返しやることにしました。おかげで三男は現代文の心配が一切なくなったのです。

センター試験と2次試験ともに、点数が取りにくいのは国語です。実力をつけるのに時間がかかりますから、早め早めに準備を始めることをオススメします。

辞書の選び方
英語
国語

受験は効率が命。紙の辞書より電子辞書

我が家では、子どもが中学1年生になった頃からそれぞれに電子辞書を持たせていました。

紙の辞書に、いろんなメリットがあることは知っています。調べる過程で周辺の単語が目に入るので、繰り返すと知識が幅広く蓄積されると言われますし、長男が灘中に入学した10年ほど前は、灘でも紙の辞書をすすめられました。

しかし大学受験は時間との闘いです。紙の辞書をペラペラとめくって、該当の箇所を探す時間は、ほんの数秒でしょう。けれど、それを何度も何度もやると疲れますし、ムダな時間が積み重なることにもなってしまいます。**調べたい単語がすぐに出てくる電子辞書のほうが効率的**です。最近の電子辞書は画面がカラーできれいですし、英単

語を美しく発音もしてくれます。

勉強する時に、「自分で辞書をめくった」「自分で単語帳をつくった」ことにこだわる必要はありません。効率化できるところは、してしまいましょう。

ちなみに我が家の3兄弟で、もっとも電子辞書を活用したのは、調べ物が大好きな三男でした。高校を卒業するまでに3回壊れ、買い替えました。長男の電子辞書も中学3年生の頃に壊れて、最新のものに買い替えました。しかし、次男の電子辞書だけは、なぜか高校卒業まで一度も壊れないまま。性格の違いが、こんなところにも出ています。

column

大学のオープンキャンパスには、行っても行かなくてもOK

大学のオープンキャンパスは、何だか楽しそうな響きがします。キャンパスに通っている自分をイメージすることは、特に勉強に行き詰まった時には有効です。地元から遠い大学を志望していたり、志望校に通う先輩が身近にいなかったりする場合などは、足を運ぶ価値はあります。

ですが、あちこち行くのは時間の無駄で、あまり意味がないと思っています。中学受験であれば、まだ心身ともに未熟な子どもが6年間通う場所ですから、いくつかの学校を見学した上で子どもに合いそうな学校を選ぶのもいいと思いますが、大学は自分の偏差値で届く一番良い学校を目指す、というのが我が家の考え方。いくつも見ても仕方ないように思います。

我が家の場合、長男は「別に必要ない」と言って行きませんでした。けれど、次男は「行く行く！」と大張り切り。友達と東京に行きたいだけであることは明らかでしたが、旅行業者が斡旋している往復の新幹線代とホテル代がセットになって2万円というパックプランで、友達5人と一緒に行かせることにしました。なぜかカバンにゲーム機を入れて出かけていきました。高校2年のときです。子どもたちだけでは心配だったので、お母さんがひとりついて行ってくれて、実況中継してくれたのですが、「いま、新幹線に乗りました。みんなゲームをやってます」と写メールが送られてきました。東大のキャンパスでは、灘の同級生にいっぱい会ったそうです。モチベーションも高まったようでした。

三男は、長男と次男が東京で暮らし始めたマンションを家族で訪ねた時に、少しだけ東大ものぞいたので、オープンキャンパスには行きませんでした。

オープンキャンパスは、夏休みに開催されることが多いようで、東大の場合も8月の初旬ごろだったと思います。高校1年か2年のときに行く子が多く、受験直前というわけではないので、子どもが行きたいというのであれば、行かせてあげてもよいでしょう。ただ、行くのは第1志望の大学だけで十分な気がします。

東大受験対策

東大入試のしくみ

勝負に勝つにはまず相手を知る。入試のしくみは早めに把握する

志望する大学に合格するためにはどんな勉強が必要か、**事前に知っておくことはとても重要**だと思います。灘では、卒業生の半数以上が東大へ進みます。ですから、自然な流れで子どもも自身も私も把握することができました。

東大は2008年度入試から理Ⅲの後期日程を廃止しました。敗者復活戦がないわけです。一発勝負に負けないように心を整えておく必要がありますが、これは経験上、**これだけやったのだから大丈夫、と自信をつける**しかありません。一つひとつ勉強を積み重ねていくしかないわけです。

東大理Ⅲへの合格を目指すのであれば、センター試験は9割取ることが目標になります。900点満点ですから810点です。

ただ、「9割」と聞くと、なんだかとてつもなく高い山を登らなければならない気がしますから、まずは「足切り」、つまり第1段階選抜合格点をできるだけ高く超える、という気持ちでいいと思います。例年、700点を超えるあたりが足切りラインです。

2次試験は、**過去問で傾向をおさえる**ことが大切です。これは、東大に限らず、私立大学でも同じです。我が家の3兄弟が本格的に東大の過去問に取り組み始めたのはセンター試験が終わってから2次試験までの1カ月間でしたが、過去問は早い時期から入手していました。過去7年分が収録された「東京大学　理科-前期日程」の赤本の他、25年分が収録されている教科別の赤本も入手しました。

東大には、東大の癖があります。東大理Ⅲを目指して勉強を続けてきたのに、自信がないからといって受験直前に他の国立大学の医学部に進路変更をしても、うまくはいきません。私立も同様です。早稲田、慶應などと併願する方であれば、それに応じた対策もしなければなりません。これが中学受験と大学受験の大きな違いです。中学受験はトップを目指して勉強していれば、第2志望、第3志望の学校にも対応できますが、大学入試はそういうわけにはいきません。東大に限らず、**各大学の特徴は、子ども自身が過去問と対峙してつかんでいくしかありません。**

東大理科Ⅰ～Ⅲ類における センター・2次の科目と配点

東大理Ⅰ～Ⅲ類のセンター試験科目

5教科7科目 ※合計900点満点を110点に換算

教科	科目	配点
国語	国語	200
数学	「数学Ⅰ・数学A」必須／「数学Ⅱ・数学B」「工業数理基礎」「簿記・会計」「情報関係基礎」から1科目	200
理科	「物理」「化学」「生物」「地学」から2科目	200
外国語	「英語」「ドイツ語」「フランス語」「中国語」「韓国語」から1科目	200
地歴公民	「世界史B」「日本史B」「地理B」「倫理、政治・経済」から1科目	100

東大理Ⅰ～Ⅲ類の2次試験科目

計440点

教科	科目	配点
国語	国語総合、国語表現Ⅰ	80
数学	「数学Ⅰ」「数学Ⅱ」「数学Ⅲ」「数学A」「数学B」	120
理科	「物理基礎・物理」「化学基礎・化学」「生物基礎・生物」「地学基礎・地学」から2科目	120
外国語	「英語」「ドイツ語」「フランス語」「中国語」から1科目 ※ただし英語の選択者に限り、英語の問題の一部に代えて、独・仏・中・韓から選択可	120

※2015年度

我が家の3兄弟は、最初から東大のみを目指し、他の国立大学に進路変更することも私立大学を併願することも、考えませんでした。次男が高校3年生の秋の模試でC判定を出したときに「理Ⅲを受けるのをやめようかな」と言いだしたことはありましたが、それも一瞬のこと。すぐに気持ちを立て直し、勉強に邁進していきました。「東大理Ⅲ」というブレない目標があったからこそ、勉強に集中できたのであり、「浪人してもいい」「ほかの国立大学でもいい」という気持ちがあったら、こうはいかなかったと思います。

三男から

受験は最後は精神力で決まります。僕の時になると、母は「このくらいやれば理Ⅲに受かる」というのがわかっていました。僕は兄2人がすでに理Ⅲにいましたし、経験豊富な母もいたので、最後まで逃げない心の強さは持っていたと思います。理Ⅲが身近なものであったことと、母に「これだけやったら大丈夫」と言われたことは本当に支えになりました。

東大受験対策
模試

模試の問題用紙は保管して、試験前にもう一度取り組む

3兄弟が初めて大学受験の模試を受けたのは、いずれも高校2年生の2月でした。高校3年生になると、5月に駿台、7月に代ゼミ、9月に河合塾と駿台、10月に河合塾の模試を受けました。そして、これとは別に夏になると、東大向けの模試「東大即応オープン」「東大入試実戦模試」「東大入試プレ」の三つの模試を受けます。この三つは11月にもあり、この時期になると毎週末、どこかへ模試を受けに行かなければならないので、本当に大忙しです。

模試はあくまでも模試。結果に一喜一憂する必要はありません。**弱点が見つかれば、そこを補強すればいい**のです。数点足りないだけで自信をなくして、志望校のランクを下げるようなことをする必要はありません。

といっても、明らかに届かないとなると話は別です。特に受験が近づいてきた段階での模試の結果は重要です。直前の模試が悪くても、頑張れば間に合うこともありますが、それまでの蓄積がないと感じられるようだったら、志望校変更も考える必要があるのかもしれません。

我が家では次男が高校3年生の秋の模試で「東大理Ⅲ：C」判定でした。合格可能性は50％です。この判定結果が届いたのは12月上旬。センター試験まであと1カ月半、2次試験まで2カ月半の時間を最大限に活用するために、スケジュールを立て直しました。

次男に聞くと、センター試験のみの現代社会が不安だと言います。過去問をやらせてみると50点くらいしか取れません。全体で9割取るのが目標ですから、これでは足を引っ張るだけです。次男はさすがに弱気になっていましたが、英語や数学はそれなりに点数が取れていましたし、理科の勉強も積み重ねてきたわけですから、「やるしかないと腹をくくろう。それに、あなたのことだから、進路変更してもうまくいかないわよ」と、一緒に頑張ることになりました。次男の場合、性格的に浪人しても勉強しないだろうという思いもありました。

この時のC判定が、次男に危機感を抱かせ、勉強計画を見直すきっかけとなり、結果的に東大理Ⅲ合格につながったのだと思います。

また、私は子どもたちが受けたすべての模試をクリアケースにいれて保管していました。特に東大向けの模試は、センター試験から2次試験までの40日の間に再挑戦してみましょう。傾向がつかめるので効果的です。三男は、兄が受けた模試も解くことができたので、ずいぶん役に立ちました。東大模試の過去問は数年分が冊子になって販売されているので、それもぜひ活用してください。

センター試験・東大2次

過去問

過去問を効率よく解くためには、赤本をバラして年度ごとにまとめる

過去問題集、通称・赤本はどれも非常に分厚く、前半が問題、後半が解説になっています。これを子どもが自分でめくるのは、効率が悪い。間違えたところの解説を探すのに手間取ってしまいます。

そこで私は、**1冊の赤本を問題と解説に分けてカッターでばっさり切りました。問題はさらに、年ごとに切り分けて、ホチキスで止めます。どの年の問題か一目でわかるように、背表紙のところにカラーテープを貼ったり、付箋をつけたりして色分けします。そして第1問の上あたりに、問題を解く予定の日付を書きます。解説には、年ごとにインデックスをつけて、該当箇所がすぐに開けられるようにしておきます。**これで完成です。

問題は年ごとに切り分けてまとめ、カラーテープで色分け。

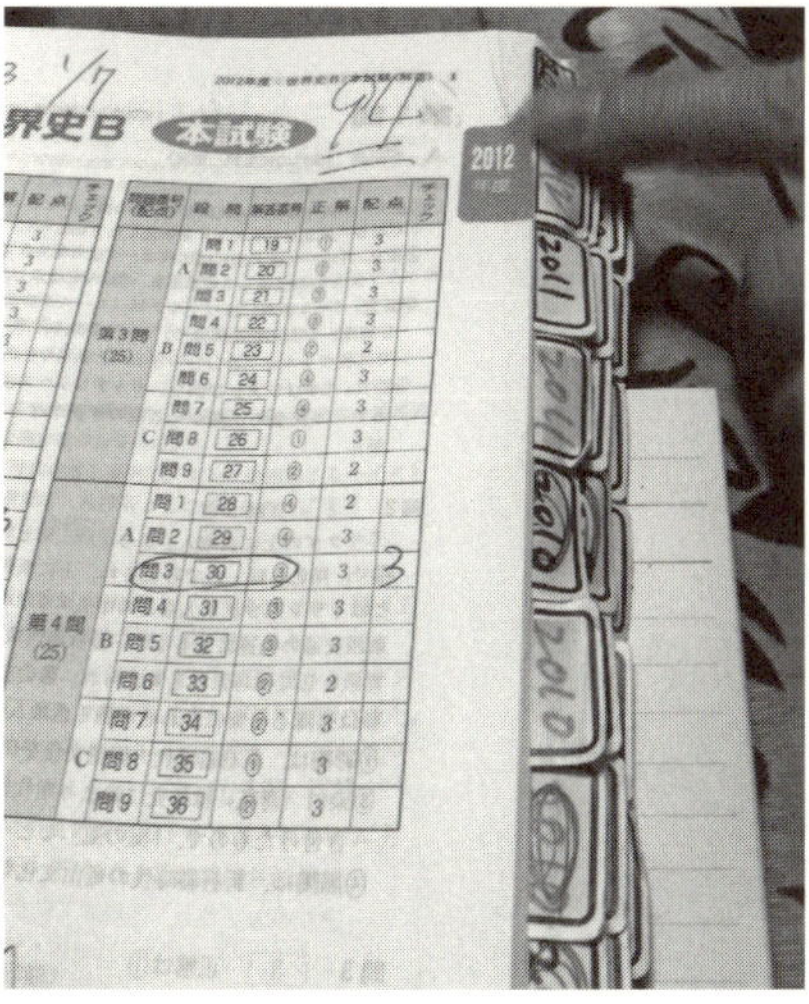

解説には年ごとにインデックスをつけ、すぐに探せるようにする。

赤本の巻末には、センター試験用のマークシートがついていますが、これは使っても特に意味がないと思います。マークシートは、模試などで誰もが一度は触れているものですから、受験勉強中に使わなくてもいいでしょう。

また、取り掛かるときは**新しい過去問から始める**のがポイントです。年々傾向は変わりますから、古いものからやっていては最新の傾向はつかめません。また、時間の感覚をつかむまでは、**本番と同じ時間設定**にして解きましょう。

私は子どもの横に控えていて、解き終わったものをすぐに採点していました。間違えた箇所は色鉛筆でマークして、解答部分も同じ色鉛筆でマークしていきます。紙が薄いので、ペンではなく色鉛筆が便利です。2回目に間違えたら、違う色でマークするのですが、要注意問題としてノートにも書き出すようにしておきます。そして、子どもに「返却」。間違えた箇所と、その解説が一目でわかるので、勉強がとてもテンポよく進みます。受験直前には、ノートを見返して最後の復習をしていました。

切り分けた問題の表紙には解いた日付と点数も書いていきます。点数を書く一覧表も用意しておくと、やる度に伸びていくのがわかるのでモチベーションが上がります。

また、「今日は２００８年から05年まで」「明日は04年から01年まで」など、具体的な計画を立てて確実にこなしていくことが大切です。

三男から

母が赤本を年度ごとに製本し、採点までしてくれたおかげで、とてもテンポよく勉強が進みました。間違えた問題を目立つ色で囲んだり、教科書の該当部分を開いてくれていたので、見直しもとてもスムーズでした。特に、東大の過去問はやればやるだけ、学ぶこと気づくことがあります。１回２点の上積みでも35回やれば70点の上積みになります。

センター試験のみの科目は高校3年の12月から一気に仕上げる

センター試験では、私大入試のように、深い専門知識を問うような問題は出ません。教科書に載っていることをきちんと押さえておけば大丈夫。つまり、東大の2次試験用の対策をしていれば、おのずとセンター試験に出題される問題を解く実力は身につきます。ですから我が家で「センター試験対策」といえば、それはセンター試験のみの科目、つまり「社会」を指しました。そして**センター試験対策に本格的に取り組むのは、高校3年の12月、つまりセンター試験の約1カ月半前から**です。

高校3年になると5月から11月末までは東大模試が続きますし、2次試験にもある理科の勉強などに時間を割いていました。もっと早めに取りかかれたらよかったのですが、模試などでバタバタしているので中途半端にやっても意味がないと思い、一気に仕上げることにしたのです。

長男と次男は、現代社会を選択しました。範囲がそれほど広くありませんし、覚えやすく、負担が少ないからでした。ところが三男のときには現代社会が選択できなくなり、世界史にしました。

次男のときには、**とにかく過去問を解かせる**ことにしました。次男は国語のセンター試験も不安だと言うので国語の過去問も並行して進め、1日に国語は2年分、現代社会は3年分の過去問をやると決めました。

まず、次男がいつ、どの過去問に取り組むのかを決めました。最終的に、**23年分のセンター試験を現代社会は2回、国語は1回**やりました。

その後、**市販のセンター試験模擬パック**も解きました。これも同じように私がマルつけをして、間違えた箇所はマークしていきます。毎日続けていると、次男が「国際関係」の所が弱いことが浮き彫りになってきました。

弱点がわかったら、参考書の音読です。私が読み、次男が読み、耳でインプットしていきます。いくつもの国が介入する紛争に、宗教問題が絡み、非常に複雑な歴史が繰り返されている部分です。**センター試験は選択式。正しく国の名前を書く必要はありませんから、音読が最適です。**

音読をしたら、また過去問に戻り、さらに音読。秋の模試でC判定を出した次男でしたが、12月31日には「なんとか大丈夫」と言えるまでのレベルに持っていくことができました。

1月に入ったら、過去問の3周目に入りました。ここで完璧に仕上げて、いざ本番へ。結果は目標通りの点数で、うれしかったです。センター試験のみの教科は、早めに始めるよりも、こうして一気に覚える方が効率的だなと実感しました。

三男とは、12月になる前にどうやって勉強するかを相談しました。世界史の勉強法は2通りあります。時代ごとに横軸で進めるか、国ごとに縦軸で進めるか。三男は国ごとにやりたい、と言ったので、国や地域別に学べる参考書を探しました。

使ったのは**『新版　世界各国史』（山川出版社）**です。イギリス史、アメリカ史、中国史と国ごとに分冊になっていて、最適でした。これを何度も音読しました。次男と同じく、私が読むこともありましたし、三男が読むこともありましたが、手で書いて覚えるより疲労が少ないのは明らかです。正解を知っていることが重要ですから、耳からどんどん知識を入れていきました。

音読の合間には1問1答式の問題集をはさみ、知識を確認していきます。2冊同じものを用意して、1冊には私が答えをどんどん書きこみ、三男はもう1冊のほうを持って順に答えていくスタイルをとっていました。この時はたいてい、三男はクッションの上にごろんと寝転んでいました。間違えたら、私の解説を「ふんふん」言いながら聞いていましたが、身体はリラックスしている状態でした。ずっと机に向かっていると疲れてしまいます。ラクな姿勢が一番でしょう。

仕上げはやっぱり過去問です。**赤本「センター試験過去問研究　世界史B　23年分」を最低3回**は繰り返しました。そうすることで、どこがポイントかがわかってきます。**3回間違えたキーワードは紙にカラフルなペンで書いて、壁に貼り出します。**これは私の役割です。さらに、**国ごとに間違えやすいポイントをまとめたオリジナルノートも私が作りました。**最後の復習に役立ちますし、オススメです。

この調子で、1日15時間くらい世界史だけやっている日もあったほどですから、かなり一気に追い込みました。朝早くに仕事に出かけた主人が、夜遅くに帰ってきたら、

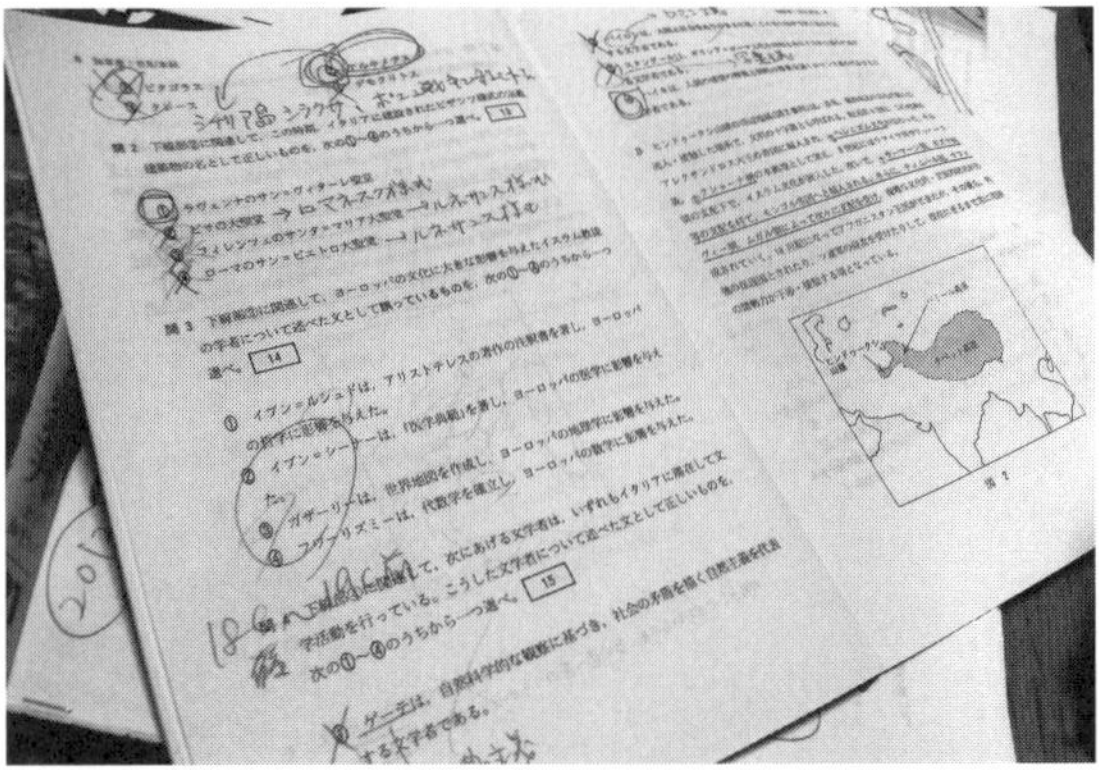

三男が解いた世界史の過去問。母がマルつけをし、注意点や解説も書きこむ。

まだ世界史をやっているのを見て、さすがに心配になったのか、「大丈夫？」とこっそり聞いてきたほど。「あ、大丈夫、大丈夫。気にしないで」と軽く返事をしましたが、普段、本当に口出しをしない主人ですから、三男の頑張りは相当なものに映ったということでしょう。

センター試験の国語と社会で9割取るのは至難の業。他の科目で9割超えて、全教科でならした時に9割くらいになるようにすればいいと思っていました。できる限り、国語と社会の落ち幅を減らすイメージです。国語のセンター試験対策で最も有効なのは過去問です。古文と漢文だけではなく、現代文も徹底的に反復しました。現代文は、反復しても意味がないように感じている受験生も多いようですが、何度もこなすうちに、論理的な思考ができるようになり、答えを導き出しやすくなるのがわかるはずです。

受験を終えて思うのは、センター試験対策は過去問をやるだけでは限界があるということです。いま鉄緑会で講師のアルバイトをしているので、生徒にもよく言うのですが、「センター試験は健康診断みたいなもの。何回受けても健康にならないのと同じで、センター試験の過去問は何回やっても成績はあがらない」ということです。もちろん数回はやる必要がありますし、その時に間違えた部分は2回目以降でチェックしなければなりませんが、何回もやったからといってセンター試験が万全になることはないと思います。

column

「願掛け」「神頼み」するよりも、日々を丁寧に淡々と過ごす

大学受験の本番が近づくと、親も子どももソワソワと落ち着かなくなってくるご家庭は多いでしょう。毎日がんばって勉強してきたけれど本当に大丈夫だろうか、落ちたらどうしよう……。

そんな不安な気持ちを落ち着けるために、神社にお参りに行ったり、パワーストーンを買ってみたり。焦って、いろいろ手を出してしまうこともあると思います。いわゆる「願掛け」です。

しかし、受験において大切なのは、**毎日、毎日、決めたことを淡々と丁寧にやりながら過ごすことなの**です。

朝起きたら、その日の24時間を上手に使うことだけを考えるのです。食事、学校、塾、

帰宅後には社会の問題集の15ページから20ページをする。やると決めてあることをひとつずつこなしていくだけ。**昨日のことは忘れる。今日のことだけ考えよう。明日のことは考えない。**私は常にそう言ってました。「願掛け」など特に変わったことはせず、1日1日を重ねていくほうが、落ち着いた気持ちで当日を迎えることができるのです。

大学受験前の最後の3カ月は、とても焦ります。けれど、落ちたところで命まで取られるわけじゃありません。志望校を決めたら、腹をくくりましょう。落ちた時のことばかり考えて、肝心の勉強に手がつかなくなれば本末転倒です。受験の前々日まで、いつも通りやるべきことを終えることができたら、それが何よりの自信になります。

受験前日には、子どもたちには「なるようになるさ」と明るく声をかけていました。

これで大丈夫ですよ。

東大2次

宿泊先の確保

試験会場近くのホテルを1年前から確保する

受験する大学が自宅から遠い場合は、ホテルの手配をしなくてはなりません。**受験のためのホテルの予約は、親の仕事**です。子どもたちは勉強で手いっぱいですから、親が早め早めに準備をしておきましょう。

2次試験用のホテルは、灘ではだいたい夏に予約をする人が多かったようです。でも、日々の忙しさに追われて忘れてしまっては大変。東大を受けると決めていたこともあったので、東大入試が終わった翌日には、東京ドームホテルを予約することにしていました。

東大理科Ⅰ~Ⅲ類の入試は、本郷キャンパスで行われます。東京ドームホテルからは、徒歩20分、車で5分程度の距離です。長男の最初の受験から使っていたホテルなので、私も慣れていて安心です。

予約を入れた後は、3カ月に1回くらい、思い出すごとにホテルに電話を入れて、「佐藤です、予約は間違いなく取れていますか？」と確認していました。電話までするなんて、やりすぎだと思われるかもしれませんけれど、この性格のおかげで助かったことがあります。

長男の受験が終わった翌日、来年は年子の次男が受験なので、私の分と合わせて2人で予約をしました。そして、夏前に電話を入れたら、「あ、2人じゃない！　3人でした！」。

長男が再受験するのに、追加するのをすっかり忘れていたわけです。確認してよかった！と、心からホッとしました。当日は無事に3人で同じ部屋に泊まることができました。

ギリギリまで受験先が決まらない場合もあるかもしれません。けれど、受験先が決まらないからといって、ホテルを予約しないでいるのは不安材料をつくるだけ。特に地方の大学を受ける場合、ホテルの数が少ないですから、直前に探しても大学から近い場所はほぼ満室でしょう。車で20分以上かかるようなホテルしか取れなかったら、当日の時間と労力が無駄ですし、雪が降ったり車がつかまらなかったりしたら大変です。**受験先の候補が三つあれば、3カ所のホテルを早めに予約すればいい**のです。受けないことが決まったら電話でキャンセルすればいいだけですから。

初めての場所であれば、子どもと一緒に試験会場を下見しておき、道順を確認しておくと安心です。試験の前々日にチェックインして会場の下見をし、前日は一日ホテルでゆっくり過ごす、というのが理想です。

受験当日はそれまでの集大成。万全の状態で迎えられるように準備しておきましょう。

センター試験
試験前日

社会などの暗記モノを中心に復習し、22時にはベッドに入る

3兄弟はセンター試験を、神戸市内で受験しました。会場までは奈良の自宅からでも間に合いますが、本番の朝はできる限り余裕を持って臨みたいもの。我が家では神戸市内のホテルを取って、私も同じ部屋で過ごすようにしていました。

前日は、**過去問で間違えたところを重点的に見直し**ます。数学や国語は前日に勉強して点数が伸びるというものではありませんので、主に**現代史や世界史などの社会に時間を使いました。**

食事はお弁当屋さんで買って簡単に済ませます。お腹を壊しては困りますから、生ものや焼き肉は避けて、よく火の通った煮込みハンバーグ弁当などを選んでいました。

冬の寒い時期。ただでさえ、風邪を引くなど体調を崩しやすい。そこにお腹まで壊

したら大変です。体調管理は万全にしておきましょう。

そして、**22時にはベッドに入るようにします。** なかなか寝つけなかったとしても、24時には眠れるでしょうから、とにかく早めに休むことが大事です。

当日は会場までは友人と連れ立って行くのですが、朝、ちゃんと起こしてあげることができるのも、親が一緒にいるからこそです。

次男が高校3年の時のセンター試験は大変でした。次男は灘の同級生と一緒に神戸で受けるのですが、一浪していた長男は、自宅のある奈良市内で受けることになっていました。さらに、長女の中学受験も同じ日！

さすがに私は長女に付き添わなくてはいけないので、次男には当時、高校1年の三男を付き添わせました。2人いれば、寝坊はないでしょうし、何か突発的なことが起きても何とかなりますから。長男は主人が会場まで送っていってくれました。

家族みんなで山場を乗り切ったわけです。みんな合格して、本当にほっとしました。

東大2次
試験1カ月前

センター試験から2次試験までは本番想定のスケジュールで過ごす

東大の2次試験はセンター試験から約40日後の2月下旬。この期間の過ごし方は、とても重要です。気を緩めず、体調管理にも気を配りながら、かといって気負いすぎずに、決めたスケジュールを淡々とこなしましょう。

この時期、我が家の長男は、最初の年は自宅で自分で決めたスケジュールで勉強を進め、再受験の年には、大阪にある予備校の自習室に通っていました。朝9時に着くように家を出て、昼は私が持たせたお弁当を食べ、夜9時まで勉強して帰宅。その後、すぐに寝て、また朝に出かけていくというパターンでした。一方、次男と三男は自宅で勉強し、私もつきっきりで手伝いました。

3兄弟の勉強スタイルも場所もそれぞれでしたが、この時期大切なのは**試験本番の**

東大理科Ⅰ～Ⅲ類の
２次試験のテストの時間割

1日目	9:30～11:10	国語	[100分]
	14:00～16:30	数学	[150分]
2日目	9:30～12:00	理科	[150分]
	14:00～16:00	外国語	[120分]

※2015年度

時間を意識することです。試験問題を時間内に解くことはもちろん、**実際に試験が行われる時間帯に集中力を高めるようにしなければいけません。**

三男は、食べたらすぐに眠くなるタイプでした。眠いと集中できませんから、「昼食後に2時間昼寝をしたい」と言ったことがありました。数日、続けさせたのですが、「ダメだ、これでは本番で同じ時間に寝てしまう！」となり、何としてでも昼食後に起きているように勉強のスケジュールを組み直しました。当日、何時に試験が始まり、昼食、そして、午後の試験が何時に始まるかなどを調べて、その通りに勉強するのが大切だと思います。とくに夜型で勉強しているお子さんは、無理やりにでも生活スタイルを正しておかなくてはなりません。

この時期、**1日のスケジュールは大きな紙に書いて貼り出していました。**昼食、お風呂など日常生活の予定も落としこんでおき、私も食事時間をきちんと守るように準備をしていました。

本番のことを想像して緊張したり、センター試験の成績が思うほど取れなかったから と不安になったりしても意味がありません。ただ毎日、目の前にあることをきちんとこなしていくことにだけ集中しましょう。「すべて予定通りにこなせた」という思いこそ、自信につながります。

東大2次

試験当日

受験本番。最後は東大の門の前まで見送る

東大2次試験、いよいよ本番です。前日は東京ドームホテルに宿泊。センター試験の時同様、食事も生ものの入っていないお弁当を部屋で食べるようにします。

東大受験本番の朝は、生ものの入っていないコンビニのおにぎりを食べさせてから、東京ドームホテルから、東大の門まで一緒に行きます。地下鉄の時間を調べるなど、ルートは事前に入念にチェックしておいて、ノートに書いておくようにしていました。

18歳まで手元で見守って、希望の進路に放り込むのが私の仕事だと思ってやってきましたから、なんとも感慨深い朝となります。「もう18歳なんだからひとりで行けるでしょ」と言われればそうなんですが、途中で何が起きるかわかりませんし、私にとっても集大成の日です。子どもたちのサポーターとしてずっとやってきたわけですか

ら、最後まで見届けるのが責任だと思っていましたし、私自身もそうしたかったのです。

その後は、ホテルに直帰します。お母さんにとっても自由時間ですから、あちこち買い物や観光に出る方もいらっしゃるとは思うのですが、私はホテルでじっとしていました。東大入試は翌日まで続きます。出歩いて階段から落ちて捻挫でもしたら、子どもたちにも迷惑がかかってしまいます。その代わり、普段はできないパックをしたり、バスタブにお湯を張ってのんびりつかったり、読書をしたり。のびのびしながら、帰りを待ちました。

「そこまでするの!?」というくらいにフォローするのが受験です。だって、一生に1度のことですから。失敗したら、再チャレンジは1年後。どうせだったら、1回で成功したほうがいいですものね。

Q&A

佐藤ママに聞きたい！子どものこと、学校のこと、受験のこと

Q 1

佐藤さんは教師の資格を持っているから子どもの指導ができたんじゃないですか？　私は大学も出ていないし、勉強も苦手です。子どもを教える自信がありません。

A

2年間の教員生活が子育てに大いに役立ったのは間違いありませんが、それがなくとも、子どもの勉強を見てやることはできたと感じています。大事なのは、「教える」ことではなく、**一緒に学び、手伝い、それをお母さんも楽しむという姿勢**です。

勉強が苦手だったお母さんもいると思いますが、「私は勉強が嫌いだけど、あなたはやりなさい」という態度でいては、子どもだって勉強する気にはなれないと思います。

足し算、引き算、ひらがなの書き順、漢字の書き取り、英単語……、子どもと一緒に取り組んでみると、いろんな発見があるものです。お母さんが「楽しい」と思える参考書、「勉強っておもしろい」と思えるやり方をいろいろ試してみてください。楽しそうに取り組むお母さんがそばにいたら、子どもだって勉強が楽しくなってくるはずです。

また、子どもが進級するにつれ、勉強の内容は難しくなっていきます。その場合も、マルをつけたり参考書の重要ポイントにマーカーをひいてあげたりと、勉強の手伝いをすることはできるはずです。

後ろ向きに考えず、明るく前向きに取り組んでみましょう。その思いは子どもにも伝わるはずです。

Q 2

中学受験を控え、塾に通い始めましたが、下のクラスで低迷しています。このまま通わせてもいいのでしょうか。また、志望校はいつ頃までに固めておく必要がありますか。

A

もし、**子どもが小学4年生以下であるなら、レベルの高すぎる塾に無理に通い続けるより、実力に合った塾で丁寧に学んだほうがよい**でしょう。そのほうがやる気も出るし、実力もつくと思います。

しかし、**5年生以上であるのなら、塾を変えることはリスクが伴います。**算数の問題の解き方、国語の授業の進め方など、塾によってやり方は微妙に異なります。5年生以上になると、その違いがさらに顕著になってきます。5年生になってから塾を変えると、新しい塾のやり方についていけず、ますます低迷する可能性もあります。ここは親子でぐっと我慢して、丁寧な復習を心掛けて成績の落ち込みをカバーしていくほうが、賢明かもしれません。

我が家の3兄弟も、浜学園に入った当初は勉強方法をつかむのに時間がかかりました。「このまま通い続けても大丈夫だな」と安心したのは半年ほどたった頃。もし塾のやり方が子どもに合わなくても、新たな塾を探す余裕がある時期までに通い始めるのが賢明です。

志望校については、そんなに焦って決める必要はないと思います。中学受験はトップを目指して頑張れば、他の学校にも受かります。5年生の段階で、ゆるやかに三つほどに絞っておけば十分です。まだまだ学ぶことが多い時期ですし、子どもの伸びしろもうーんとあります。成績を見守りつつ、6年生の夏ごろには固めましょう。秋から冬にかけては、第2志望、第3志望も決め、前受験の学校も選びながら、受験本番を迎えましょう。

Q 3
塾の宿題が多すぎて、復習まで手が回りません。どうすればいいでしょうか。

A

考え方を変えましょう。**塾の宿題をすることは、そのまま予習・復習になり、受験のための力を蓄えるもの**になります。まずは塾の宿題を丁寧に100％済ませるように努力しましょう。復習や間違えたところの見直しは半分くらいできればオーケーとして次に進みましょう。

塾のやり方を信頼せず、塾の宿題をしないで他の参考書や問題集に手を出しても、結局中途半端に終わります。せっかく塾に通っているのですから、やり方に従うのがベストです。

ただ、どんなに頑張っても宿題を終えることができない、塾の授業についていけないのであれば、思い切って塾を変えてみるのもいいかもしれません。

Q

4 子どもが行きたいと言っている中学がありますが、成績を見る限り難しそうです。どうしたらよいでしょうか。

A

子どもが希望しているのなら、ぜひ挑戦させてあげてください。「あなたの成績では無理」なんて、夢をつぶすようなことを言ってはいけません。応援してあげましょう。

子どもの可能性は無限大です。お母さんが信じてあげることが、子どものやる気につながります。

ただし、応援してあげながらも、状況を冷静に見極める判断力も必要です。受かりそうもない学校だけを受けてすべて不合格の場合は公立中学でいいのか、第1志望の中学を受けつつも、合格圏内の私立中学も受験するのか。お子さんとしっかり話し合っておきましょう。

お子さんの希望を尊重しながらも、万一の場合の保険はしっかり用意してあげてください。

Q 5 子どもが中学受験に失敗してしまいました。これからどうしたらいいのかわかりません。

A

不合格になったとき、いちばんショックを受けているのは子ども自身です。**決して子どもを責めてはいけません。**まだ12歳のほんの小さな子どもが、どれほど頑張ってきたのかを思い出し、**「お母さんはどんなことがあってもあなたの味方だよ」**という思いを、精一杯伝えてあげましょう。

そして、**母親であるあなたが落ち込み続けていては、子どもだって前向きな気持ちにはなれません。**

たとえ希望の中学に行けなかったとしても、そこから大学受験までの6年間のほうがうんと大事です。いくらでも巻き返しはできますから、親子ともども、また新たな気持ちで頑張ればいいだけのことです。

また、公立中学校に入学したのであれば、高校受験はすぐにやってきます。新たな気持ちで次の目標に向かって頑張っていきましょう。

ただし、燃え尽きたようになってしまうお子さんの場合は、少しのんびりさせてあげ、自由に遊ぶ時間を作ってあげたほうがいいかもしれません。すぐに発破をかけると、勉強が嫌い、親が嫌い、ということになりかねません。

我が家の3兄弟も、中学入学直後は比較的のんびりと過ごしました。ずっと張りつめていると疲れてしまいますから、上手に気分転換をさせてあげてください ね。

Q6 塾に行くか、家庭教師をつけるか迷っています。どちらがいいでしょうか。

A まずは塾がオススメです。 自分の実力を知り、周囲と切磋琢磨することは、子どもの力を大いに伸ばすはずです。

我が家の3兄弟は、中学受験対策は浜学園オンリーです。家庭教師は頼みませんでした。浜学園の授業とテキストが素晴らしかったこともあり、あれもこれもと手を出すのではなく、浜学園の勉強を完璧にすると決めたからです。

家庭教師を頼むのなら、塾の補助という形がよいでしょう。実際、塾の宿題を見てもらうために家庭教師をつけていたお家がありました。我が家では、家では私が子どもたちの勉強や宿題を見ていましたが、その代わりというわけです。

家庭教師の多くは大学生ですが、「近所に住んでいるから」という理由で選ばず、きちんとした受験経験がある人がいいと思います。

また、家庭教師には、塾や学校のやり方を否定しないように伝えましょう。そうしないと子どもが混乱します。家庭教師はあくまで塾の補助。どちらかを選ぶものではありません。

Q 7

中学生の子どもに勉強法についてアドバイスしてあげたいけれど、イヤがられてしまいました。反抗期の子どもとうまく付き合うコツを教えてください。

A

受験期は思春期ですから、親をうっとうしく感じる時期でもあり、受験が迫るイライラと相まって反抗的な態度を取る子どもも多いでしょう。

ただ、私は、**反抗期と勉強するかしないかは別の問題**だと思っています。ですから、反抗期だから「そっとしておこう」と考えて、勉強していないことを黙認する必要はありません。勉強は体調が悪い時以外は常にするものだと教えておきましょう。

さらに「アドバイスする」のではなく、「一緒にやる」「お手伝いする」という気持ちを持つとよいです。ああしろ、こうしろと口だけ出しても、子どもにとってはうっとうしいだけ。子どもの苦手な部分を具体化し、少しずつ親子で克服するようにしましょう。お母さん自身の子どもへの接し方を見直す良い機会にもなると思います。

また、「子どもが自分の部屋にこもってしまい、会話ができない」というのも、反抗期の子どもを持つお母さんによくある悩みです。我が家では、この問題も想定した上での「勉強机はリビング」主義。物理的に子どもとの距離を縮めてしまえばいいのです。

Q 8

テスト前になっても子どもが一向に勉強をせず、イライラしてつい怒鳴ってしまいますが、反発されるばかり。どうしたら子どもが勉強する気になってくれますか。

A

そんな時は、**同じテンションで言い返さないことです。怒りをぐっとこらえて、「あーごめんごめん」と聞き流してキッチンに立ちましょう。**

温かくて美味しいものを食べさせてあげることで、雰囲気を和ませるのです。だから、お母さんは子どもにとっての優秀なコックになって、やる気がわくような美味しいメニューを作りましょう。好きなメニューばかりが食卓に並んだら、反抗期の子どもでも、「お母さんは応援してくれているんだ」という気持ちを少しずつ感じるようになるはずです。

我が家の「絶対に子どもの機嫌が良くなる」定番メニューは、手羽先の水炊きです。有機野菜や低農薬野菜、無添加食品の宅配サービス「らでぃっしゅぼーや」で注文した美味しい野菜と、コラーゲンたっぷりの手羽先を煮込み、大分県の実家から届いたかぼすで手作りしたポン酢で食べます。子どもたちにとって至福の時らしく、テスト前などピリピリしがちな時にはよく作っていました。**受験生がいる時は、その子が好きなものを意識して作る**ようにしていました。子どもはやる気が出るようでしたよ。

ドーナツを手作りしてみたり、クッキーを焼いたりすると、家中に、ほわーんと甘い匂いが広がって、なんとも幸せな気持ちになりますよね。

成績に口出しをして子どもにうるさがられるよりも、美味しいものを幸せな気持ちで食べてくれたら、ご機嫌な気持ちで机に向かってくれるようになります。イラッとしたときは、キッチンへ。これが一番です。

Q
9
きょうだいの学力に大きな差があります。比べることなく接しようとは思っていますが、成績が悪い子には何と声をかければいいでしょうか。

A
親がきょうだいを比べなくても、模試やテストの成績は目に見えてあらわれますから、なかなか難しい問題ではあります。

「親がしっかり勉強の習慣をつけてあげれば、どんな子どもも伸びる」というのが私の考え方ではありますが、それでも能力差はゼロではないでしょう。我が家の4人も、それぞれ得意・不得意はありますし、勉強が得意な子、それほど得意ではない子はいると思います。

私が一番大切だと思うのは、**親が「学力至上主義」の考えを捨てること**だと思います。我が家の3兄弟がみんな灘から東大理Ⅲへ進んだので、私はとんでもない「学歴マニア」だと思われているかもしれませんが、考えていたのは子どもたちの可能性をめいっぱい伸ばして、最良の人生に送り出すことだけ。それぞれの子を最大限、手助けしようと思っていました。

たとえ口には出さずとも、親が高い学歴だけを求めていたら、その思いは必ず子どもに伝わります。そうなると、成績の悪い子は劣等感を抱くようになり、それがますます成績を低下させ、その子が持っている別の才能まで潰してしまいかねません。

きょうだいで差がつくのは、学力に限りません。運動能力も、容姿も性格も、違って当たり前です。いかなる状況でも、親が心から等しい愛情を注ぐ覚悟をすることが必要だと思います。

Q 10 高校生の息子に彼女ができたようで、勉強に集中できなくなっています。どう声をかければいいでしょうか。

A **恋愛と受験の両立は難しい**ように思います。大学受験は甘くはありません。恋愛なんてしている暇がないほど机に向かってこそ、志望校に手が届くのです。

子どもが中学生になった頃から、「恋愛に時間を使っていると受験はうまくいかない」とさり気なく言い聞かせておくといいでしょう。

子どもだって大学受験を成功させたいと思っているわけですから、そんな話を聞いていれば、自分でけじめをつけるようになります。

もしも、恋愛が原因で成績が落ちるようなことがあったら、その時は徹底的に親子で話し合いましょう。あいまいにするのが一番よくないことです。

Q 11 子どもが大学受験に失敗してしまいました。浪人すべきか、第2志望の大学へ行くか、どう判断すればいいでしょうか。

A

合否の結果が出た後、1週間くらいかけて親子で話し合ってみましょう。第2志望以降の大学に行くか、浪人して、翌年またチャレンジするのかを、きちんと考えましょう。**浪人して、劇的に成績が上がる生徒は、それほど多くありません。**ですから、どのくらいの差で不合格になったのかを踏まえた上で、浪人する場合は、どういう勉強をするのか、子どもにビジョンを聞いてください。なんとなく浪人することを決めてしまうと、翌年も同じ結果になりかねません。

浪人中に襟を正して勉強をする覚悟があれば再チャレンジすべきだと思いますし、気を緩めて遊んでしまいそうなら、第2志望以降の大学に進学するのもアリでしょう。

そして、**お母さんは「浪人してもいいよ」とは最後の最後、合格発表の時まで言わないことも大切です。**受験前から「浪人してもいい」なんて思っていると、甘えが出てしまいますからね。

長男より

勉強はしましたが、勉強漬けではありません

勉強を楽しむ環境を作ってくれた母に感謝しています

僕たちの生活が本になると、1年365日ずっと勉強漬けだったような印象を与えてしまうかもしれませんが、実際はそんなことはありませんでした。

中学受験と大学受験の前は、かなり勉強しましたが、母に「勉強しなさい」とうるさく言われたことはありません。僕自身、次のテストのことを真面目に考えてスケジュール管理ができたせいもあると思いますが、母には黙って見守ってもらっていたイメージが強いです。

ただ、学校の授業の中である小テスト、公文や浜学園の宿題など、決められたことをきちんとこなすことを習慣化してくれたのは、母です。幼い頃のひらがなの書き順に始まり、漢字、英単語まで、丁寧に完璧に覚えることを当たり前としてくれたことは、今の自分に間違いなく生きていると思います。

長男として生まれましたが、弟や妹と同じように接してもらってきました。それぞれが豊かな個性を持った人間だと思ってくれていることを、子ども心に感じていましたし、比べられた記憶は一切なく、すべてにおいて否定されることもなかったことに感謝しています。

弁護士である父と同じように、手に職がつけられる道を選ぼうと思っていました。ただ、僕は理系が得意だったので、医師を目指そうと。医学部を目指す同級生も多かったので、自然な流れで、自分で決めました。

両親には、大学に進学するまでのびのびとやりたいことをめいっぱいにやらせてもらいました。医師として、活躍できるよう頑張ることが、一番の恩返しだと思っています。

「すごい一家」と言われることに抵抗はありますが

これから何かを成し遂げられるよう頑張ります

母が本を出して以降、実家にテレビ局の取材陣がやってきたり、雑誌に家族が登場したり、何かと話題にしてもらえる機会が増えました。ありがたいことであると同時に、すごい一家のように言われることは恥ずかしく、少し抵抗があります。

母は、4人の子どもが好きで好きで仕方がない人で、僕たちがやること全てを応援してくれましたし、受験に関する知識もノウハウも相当のものがあると思います。父と母は仲が良く、きょうだいも仲が良いです。いい家族であることは間違いありません。

ただ、僕自身はまだ何かを成し遂げたわけではありません。それは、兄も弟も同じです。もちろん各自が、相応の努力をしてきましたし、僕も大学受験前は、まさに「死ぬほど」勉強しました。誰よりも机に向かった自負はあります。でも、まだまだこれからです。

進学先を決めたのは自分の学力を伸ばした先に手が届く最高峰に行こうと思ったからで、医者になりたいから理Ⅲを目指したわけではありません。けれど、大学で充実した実習を重ねるうちに、これまで蓄積した知識に、高いレベルの技術を身につけ、多くの患者さんの役に立てる医者になることが目標になりました。大学生活の中で、次第に自分の将来像が明確になることは、多くの大学生と同じではないでしょうか。

注目されたことを機に、これまで以上に勉強しようと思っています。何かを成し遂げた時、また注目してもらえるように頑張ります。

三男より

誰もが同じようにやればいいわけではない

受験を勝ち抜くために自分なりのやり方を見つけてください

この本には、僕たちにとっては当たり前で普通の日常生活が書いてあるだけです。

本を読まれた方には、僕たちが高校を卒業するまで、母がべったりつきっきりで接していたような印象を与えてしまうかもしれません。でも、きょうだいが多かった上に、母はそれぞれに等しく接してくれていたので、干渉されていると感じたことはありません。

母は、子どもが駅に着くたびに車を出して送り迎えをしてくれていたので、家にいないことが多く、4人と父の世話で常にバタバタと忙しくしていました。

僕からすると、むしろ放任されていたような感覚があります。

ここで紹介されている時間の使い方や勉強方法は、誰にでも取り入れてもらえることです。でも、我が家の環境や子どもの性格に合わせながら、母があれこれ試した結果なので、誰もがこの通りにやればいいというものではないと思います。前提となる環境が変われば、同じようにはいきません。

僕自身も兄たちを見習いつつ、母に手伝ってもらいながらも、自分なりのやり方で勉強を続けてきました。自分に合ったやり方を見つけることが、受験を勝ち抜く最大のポイントだと思います。

父より

私は妻の後ろをついていっただけですが……

妻の意志の強さと子どもへの深い愛情を、心から尊敬しています

子どもが生まれる前、子どもの教育方針について、夫婦で具体的に話し合ったことはありませんでした。妻自身はガリ勉ではありません。基本的には、のんびりのびのびとしたタイプだと思っています。

けれど、子どもが生まれてからは、子育てに関して、いいアイディアが浮かんだらとにかく一度はやってみて、良いと判断したら習慣化して貫徹する姿を何度も見てきました。なかなかできることではありませんし、大したものです。意志の強さを、本当に尊敬しています。

私も子どもが幼かった頃は、絵本の読み聞かせをずいぶん手伝いました。歌

も一緒によく歌いましたよ。「お父さんは音がはずれてる」なんて言われながらね。朝は駅まで子どもを送って行き、仕事が終わると塾へ迎えに行ってから帰宅することもありました。できる範囲ではありますが、一応、子育てには協力したつもりです。

仕事を終えて深夜に帰宅すると、子どもがまだ起きていて、塾の宿題をしていることがありました。「身体を壊すよ」と言った日には……何倍もの勢いで「普段、子どもを見ていないのに口はさまないで！」とぴしゃり。成績も気になりますから「見せてほしい」と言ったこともありますが、それも「見たら絶対にひとこと言いたくなるでしょ。それは子どもの負担になるから」と、またぴしゃり。強い人です（笑）。そんなことを繰り返すうちに、私はあきらめて口をはさむのをやめました。

とはいえ、息子3人が灘へ通っていた時、定期テストの前になるとみんな一斉に机に向かう姿は壮観でした。勉強が好きな長女も加わって、4人が思い思いの格好で問題集を開いているのを見るのが好きでした。「頑張ってるんだな」としみじみ思い、自然と応援団となっていったように思います。

私は弁護士として働いていますが、自分の仕事が忙しくても、子どもたちが大きくなってからも週一度くらいは、家族そろって「いただきます」と言って食卓を囲むことが理想でした。けれど、妻にとって、それは特に重要ではなかったようで、子どもが自分のペースで勉強をしたいだけして、ひと休みしたいタイミングで食べればいい、と。そんなことも、頑張る子どもたちを見ているうちに受け入れるようになりました。

子ども4人を平等に扱うことも妻の考えです。おもちゃもひとつではなく、人数分買いましたし、食べ物も全部同じだけ準備しました。

子どもたちのうち、誰かひとりでも私と同じ弁護士の道を選んでほしいと思った時期もありますが、子どもにとって一番いい方向へ進んでくれれば、それでいいと考えるようになりました。

妻の子育てへの情熱を支えたのは、4人の子どもたちへの深い愛情であると思います。心身ともに豊かな人生を歩いてほしいと強く願い、そのために何をしなければならないかを、妻なりに考え続けていたのでしょう。

幼い頃から、本を読んだり、歌を歌ったりしたことは、すべて日々の暮らしをより良いものにして、人生を豊かなものにするためです。

学校へ通うようになると、勉強も丁寧にサポートするようになりましたが、それも子どもたちの将来の選択肢を増やしてあげて、充実した時間を過ごしてほしいという素直な願いからです。

だから、頑張れたのでしょう。最初から東大理Ⅲありきの子育てではなかったことが、結果的に東大理Ⅲへの道を拓くことになったと感じています。

ということで、私はすべてにおいて妻の後ろからついていっただけです。結果として、子どもたちが幸せであれば、それでいいと思っています。

息子3人と娘には、世のため、人のためになる生き方をしてほしいと願っています。幸い、健康な身体で生まれたわけです。必ずしも医者でなくてもいい。これからの時代に貢献する人であってくれれば、父親としてこれ以上うれしいことはありません。

あとがき

長男が小学校にあがる頃、「ゆとり教育」を前面に押し出した新しい学習指導要領ができました。詰め込み式がダメだとか、土曜日は休みになるとか、それまでの教育を大きく変えようとする動きがありました。

「方針が変わりすぎる。文部省（現・文部科学省）は何をしたいのかな」と思っていました。中学、高校の教科書を取り寄せてみると、英単語は中学では900語くらいなのに、高校になると急に2000語近く覚えなくてはならないことがわかりました。暗記は脳が若いうちにやるに越したことはないのに。

文科省のカリキュラム通りに学ぶのは仕方がないことですが、私なりに子どもの教育に責任を持とうと心に決めました。

その思いで、長男を出産してから20年以上、ずーっと子育て一筋。笑いあり、涙あり。とても楽しく充実した時間でした。

子どもを愛する気持ちがあれば、それだけでプロママです。

子育てはラクなことばかりではありません。

でもせっかくですから、子育てをめいっぱい楽しんでしまいましょう。お母さん方に、ひとつでも役立つお話をお届けできたとしたら幸いです。

佐藤亮子

著者

佐藤亮子 さとう・りょうこ

奈良県在住。専業主婦。大分県で高校まで過ごし、津田塾大学へ進学。卒業後、大分県内の私立高校で英語教師として２年間教壇に立つ。その後、結婚。夫の勤務先である奈良県へ移り、以降は専業主婦。長男、次男、三男、長女の順で３男１女を出産した。長男、次男、三男の３兄弟がそろって、難関私立の灘中・高等学校（神戸市）に進学。体育系のクラブに所属したり、文化祭で活躍したりしながら、３人それぞれが学校生活を満喫しつつ、大学受験では国内最難関の東京大学理科Ⅲ類（通称「東大理Ⅲ」）に合格。３兄弟そろっての東大理Ⅲ合格は非常に稀なケースで、その子育て法と受験テクニックに注目が集まる。「週刊朝日」「ＡＥＲＡ」（朝日新聞出版）、「女性自身」（光文社）、「サンデー毎日」（毎日新聞出版）などでインタビュー記事が掲載されたほか、高校や進学塾などでの講演を多数こなす。著書に『「灘→東大理Ⅲ」の３兄弟を育てた母の秀才の育て方』（KADOKAWA）がある。

[取材・構成]　古田真梨子（朝日新聞出版）
[編集]　野村美絵（朝日新聞出版）
[編集協力]　鈴木裕也
[デザイン]　フロッグキングスタジオ
[DTP]　ヴァーミリオン
[イラスト]　江口修平
[校閲]　朝日新聞総合サービス出版校閲部、藤沼 亮

受験は母親が9割
灘→東大理Ⅲに3兄弟が合格！

2015年7月30日　第1刷発行

著者　佐藤亮子
発行者　尾木和晴
発行所　朝日新聞出版
〒104-8011
東京都中央区築地5-3-2
電話:03-5541-8767(編集)
03-5540-7793(販売)
印刷所　凸版印刷株式会社

ISBN 978-4-02-331427-6